샤를빼야되지의 살 빠지는 레시피
나 날씬한 요리책이야

KI신서 2258

나 날씬한 요리책이야

1판 1쇄 인쇄 2010년 1월 20일
1판 1쇄 발행 2010년 1월 30일

지은이 스튜디오 뮤 **펴낸이** 김영곤 **펴낸곳** (주)북이십일 21세기북스
출판컨텐츠사업본부장 정성진 **생활문화팀장** 김선미
기획편집 김순란 **영업·마케팅** 최창규 김용환 이경희 노진희 김보미 허정민 김현섭
출판등록 2000년 5월 6일 제10-1965호
주소 (우413-756) 경기도 파주시 교하읍 문발리 파주출판단지 518-3
대표전화 031-955-2100 **팩스** 031-955-2151
이메일 book21@book21.co.kr **홈페이지** www.book21.com **커뮤니티** cafe.naver.com/21cbook

값 11,000원
ISBN 978-89-509-2208-5 13590

이 책 내용의 일부 또는 전부를 재사용하려면 반드시 (주)북이십일의 동의를 얻어야 합니다.
잘못 만들어진 책은 구입하신 서점에서 교환해 드립니다.

샤.를.빼.야.되.지.의. 살. 빠.지.는. 레.시.피.

나 날씬한 요리책이야

스튜디오 뮤 지음

21세기북스

프롤로그

맛있게 먹으면서
살을 빼는 비법

다이어트를 하겠다는 결심과 더불어 무섭게 시작되는 식욕! 다이어트 책을 사러 가서도 오히려 눈에 들어오는 건 한쪽에 자리 잡고 있는 요리책들이다. 아무리 운동을 한다고 해도, 살을 빼고 싶다면 식단 조절이 기본이다. 그렇다면 어떤 음식을 먹어야 살이 찌지 않을까? 맛이 있는 음식을 먹으면서 다이어트를 하는 방법은 없는 것일까?

'다이어트 요리' 하면, 떠오르는 토마토, 곤약, 쌀, 감자, 호박 등의 원푸드 음식들은 이제 지겹기만 하다. 황제 다이어트, 탄수화물 다이어트, 푸드 콤바이닝, 식초 다이어트 등 안 해본 다이어트가 없지만, 항상 돌아오는 건 좌절과 2배 이상 부풀어진 몸무게와 요요현상 뿐이다. 한정된 식단에 자로 잰 듯 규칙적인 일상, 친구들도 만날 수 없고, 외식도 마음대로 못하니 다이어트에 실패할 수밖에. 살을 빼야 하지만 땀 빼는 건 싫고, 음식을 적게 먹는 건 한계가 있으니, 답답할 뿐이다. 어떤 책엔 아침으로 샐러드를 먹으라고 권유하기도 한다. 하지만 어떻게 풀만 먹으며 하루에 필요한 열량을 비축할 수 있단 말인가? 서양식 다이어트 식단은 재료를 구하기도 어렵고, 한국인의 입맛에 맞지 않으니 비현실적이기만 하다. 물론 다이어트 요리책이 전혀 없는 건 아니지만, 막상 찾아보면 건강 코너에 깊숙이 숨겨져 있고, 사진과 그림 없는 딱딱한 글씨의 책들만 잔뜩 쌓여 있을 뿐이다.

그래서 우리는 매일 먹는 식단으로 다이어트 효과를 볼 순 없을지 물음표를 가지기 시작했다. 실속 있는 다이어트 레시피와 재미난 이야기들, 눈에 쏙쏙 들어오는 사진과 그림으로 양념된 다이어트 요리책, '샤를빼야되지의 살이 빠지는 레시피, 나 날씬한 요리책이야'는 그렇게 시작되었다. 다이어트라고 해서 한정된 재료와 조리 방법을 선택한다면, 만드는 즐거움과 미각의 폭이 한정되어 살빼기가 지옥 같을 수 있다. 고기는 칼로리가 높으니 채소를 먹어야 한다는 생각보단, 고기를 어떻게 먹어야 덜 살찔 수 있는가와 그에 맞는 식단을 알려주는 것에 초점을 맞추어 책을 기획하였다. 이 책은 다이어트로 살을 빼고 싶은 사람, 요리를 사랑하는 사람들 모두를 위한 책이다. 저칼로리의 식재료를 이용해 요리한 음식이 아니라, 보편적인 식단들을 먼저 선택한 후, 다이어트와 맛을 고려하여 호텔 조리사와 함께 만든 식단이다.

요리가 어렵다고 생각하는 사람들은 대부분 요리 준비 과정과 만들기 과정이 뒤죽박죽 섞여 실패하는 경험을 한다. 그래서 특별히 요리와 친하지 않은 독자들을 위해 이 책의 모든 레시피는 준비 과정과 만들기 과정으로 분리하여 요리의 난이도를 최소화하였다. 또 재료의 표기 기준도 그램, 리터 대신 한 컵, 두 컵, 큰술, 작은술 등의 쉬운 말로 통일하여 친근함을 더했다. 파트 1에서는 요리 전 알아야 하는 식재료 소개, 음식을 가볍게 조리하는 방법, 다이어트 냉장고 정리법 등을 담았고, 덤으로 호텔 전문 조리사의 조리 팁을 실었다. 붉은색 연어가 좋은 이유, 비린내를 없애는 생선 먹기 방법, 치즈 이야기 등 실생활에서 몰랐던 재미있는 정보들이 가득하다. 파트 2는 가볍게 먹을 수 있는 퓨전 샐러드 편으로, 마요네즈와 고칼로리 드레싱 없이도 한국인의 입맛에 맞는 두부, 미역, 감자, 도토리묵 등 한식 재료들을 응용한 샐러드를 만들어 보았다. 뱃살을 책임지는 파트 3은 밥을 꼭 먹어야 하는 '라이스족' 들을 위한 레시피들이다. 살을 빼는 도중 친구를 만나야 해도, 걱정 마시길! 파트4는 특별 별미요리들을 모아 손님 초대 시에도 손색없는 다이어트 한상차림 요리들을 알려준다. 입이 심심할 땐 건강한 재료들을 모아 만든 식혜 푸딩, 콩비지 쿠키 등 파트 5의 레시피를 만들어 볼 수 있다.

살을 빼는 과정은 일회성으로 끝나는 일이 아니다. 체중 감량에 성공한다고 해도 꾸준한 관리가 이루어지지 않으면 바로 원래 몸무게로 돌아가기 일쑤다. 원푸드 다이어트나 무작정 굶는 방법으로 당장의 살을 뺄 수는 있어도, 이런 방법으로는 꾸준한 관리를 하기가 힘들 수밖에 없다. 이제 이 책을 통해 맛있게 먹으면서 살을 뺄 수 있는 일상적인 식단을 만나보자. 갖가지 다이어트 비법이 골고루 버무려진 레시피 속으로 빠져보자. 행복한 다이어트 주문, '샤를빼야되지' 가 당신의 다이어트를 도울 것이다.

Part.1 살 빠지는 레시피

다이어트 레시피란? ……………… 10	다이어트 재료 손질 ……………… 18	살 안 찌는 냉장고 정리법 ……… 32
맛있는 다이어트 ………………… 12	웰빙 이야기 ……………………… 28	다이어트 접시 소개 ……………… 34
알아 두면 편리한 계량 기준 …… 16	올리브유 이야기 ………………… 31	호텔 주방장의 다이어트 요리 칼럼 35

Part.2 내 몸이 가벼워지는 샐러드

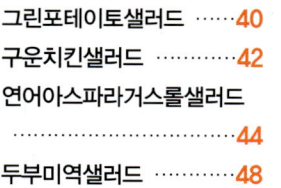

그린포테이토샐러드 …… 40	차가운 쌀국수샐러드 …… 50	마늘올리브샐러드 …… 62
구운치킨샐러드 ………… 42	모둠해산물절임샐러드 … 52	마가리타샐러드 ……… 64
연어아스파라거스롤샐러드	게살오이롤샐러드 ……… 54	가지샐러드 …………… 66
…………………………… 44	연근마샐러드 …………… 56	그릴모둠버섯샐러드 … 68
두부미역샐러드 ………… 48	도토리묵샐러드 ………… 60	참치타다키샐러드 …… 72

크랜베리리코타치즈샐러드
………………………… 74
과일동산샐러드 ……… 76

Part.3 뱃살 빠지는 한끼 식사, 밥과 국물 요리

새싹비빔밥 ······ 80	호박생강스프 ······ 92	청경채버섯두부탕 ······ 104	인삼버섯스프 ······ 116
해물스프 ······ 82	바지락쌀국수스프 ······ 94	시금치된장리조또 ······ 106	그린리조또 ······ 118
메밀수제비 ······ 84	매실 주먹밥 ······ 98	김치스시 ······ 110	
검은콩잣죽 ······ 88	새우다시마롤밥 ······ 100	보리알채소스프 ······ 112	
영양밥호박잎쌈 ······ 90	다이어트 김초밥 ······ 102	라이스부르스케타 ······ 114	

Part.4 특별한 음식이 생각날 때 별미요리

버섯두부탕수육 ······ 122	검은깨두부 크림스파게티 ······ 138	유러피안베지스그릴 ······ 148	채소피자 ······ 162
파프리카버섯만두 ······ 126	와인소스보쌈 ······ 140	모시조개미소라면 ······ 150	수란냉파스타 ······ 164
오징어김치말이 ······ 128	스프링롤 ······ 142	묵사발 ······ 152	베지버거 ······ 166
허브돈까스오븐구이 ······ 130	닭가슴살스테이크 ······ 144	두부양배추쌈 ······ 156	지중해식 도미구이 ······ 170
왕새우구이 ······ 132	관자채소꼬치구이 ······ 146	김치말이곤약국수 ······ 158	오믈렛호밀샌드위치 ······ 172
데리야끼전복찜 ······ 134		새우살찜 ······ 160	찹쌀옷돼지등심구이 ······ 174

Part.5 입이 심심할 때 살찔 걱정 없는 간식과 음료

미숫가루 다식 ······ 178	오렌지젤리와 사과젤리 ······ 186	수정과푸딩과 식혜샤벳 ······ 192	곶감견과말이 ······ 202
우무인절미 ······ 180	홍초젤리와 키위젤리 ······ 188	노버터바나나머핀 ······ 196	마늘생강차와 귤피차 ······ 204
오곡후르츠요구르트 ······ 184	모둠칩스 ······ 190	콩비지쿠키 ······ 198	흑미크레페 케이크 ······ 206

Part.1 살 빠지는 레시피

다이어트 레시피란?

다이어트란 말은 단순히 살을 빼는 것만을 의미하는 것이 아니다. 서양에서는 웰빙이란 말로도 표현하는데, 건강하게 먹고 생활하는 라이프 스타일을 나타낸다. 또 원래는 '식이요법' 이란 뜻으로, 소화와 영양 흡수 등의 특수한 목적을 돕는 의미로 사용되었지만, 요즘에는 근육량 늘리기, 체지방 감소를 위해 다이어트를 하기도 한다.

다이어트를 할 때 제일 중요한 첫 번째는 자신의 몸 상태를 알아야 한다는 것과 그에 맞춰 음식을 적절히 조절해야 한다는 것이다. 한 가지 음식으로 단기간 살을 빼는 원푸드 다이어트는 요요현상과 영양의 불균형을 초래하므로 효과적이지 않고, 단백질, 비타민, 탄수화물을 골고루 섭취하는 일반적 식단이 적당하다. 또 조미료나 향신료, 패스트푸드 등은 다이어트 식단의 리듬을 깰 수 있으니 멀리해야 한다. 자, 잠시 자신이 좋아하는 음식보다 자신의 몸이 어떤 음식과 궁합이 맞았는지 생각해 보자. 두 번째로 중요한 것은 자신이 즐길 수 있는 운동을 병행하는 것! 아무리 음식으로 살을 빼보았자, 시간이 지남에 따라 처진 엉덩이, 볼살, 눈가 주름이 눈에 띌 것이다. 다이어트는 운동과 친구임을 명심하자. 다이어트를 했는데 늙어버린 자신을 발견했다면, 제대로 된 방법이 아니니 올바른 방법을 다시 찾아야 한다.

다이어트 룰, 이것만은 생활화하자!

1. 아침에 일어나면 물 한 잔, 원샷~!
2. 아침은 가볍게 반 그릇 분량만큼 먹자.
   아침:점심:저녁=2:3:1의 비율.
3. 점심 전 간식으로는 과일이나 주스를 먹자.
4. 점심은 푸짐하게 먹자.

5. 식사 후에는, 양치질로 음식의 남은 맛을 없애자.
6. 간식으로 우유, 견과류, 과일을 먹자.
7. 《샤를빼야되지의 살 빠지는 레시피》로 저녁을 만들어 먹자.
8. 식사 2시간 후에 운동을 하자. 남은 칼로리를 배출할 수 있다.

9. 12시 전에 잠들기. 부엉이 생활 패턴을 가진 분들이라도 규칙적으로 잠자리에 든다면 문제없다.
10. 오늘 먹은 음식들을 다이어트 다이어리에 기록하자.

이제, 본격적으로 맛있게 다이어트하는 방법을 알아보자. 살도 빼고, 맛있는 음식도 포기할 수 없는 소중한 나를 위한 노하우가 여기 있다.

맛있는 다이어트

저칼로리 우유, 다이어트 피자, 다이어트 콜라……. 다이어트 음식은 맛이 없다. 왜 지금까지의 다이어트 음식은 맛이 없었을까? 정말 다이어트 음식은 모두 맛이 없는 것일까? 다이어트 레시피를 만들 때 이것만 지키면 맛도, 영양도, 칼로리도, 다이어트 효과도 두 배가 된다.

맛있게 다이어트 하기!

1. 생각 없이 저칼로리를 주장하기보다 자신에게 맞는 일주일 식단을 짜 본다.

2. 단백질 식품이나 삼겹살이 먹고 싶다면 저녁보다는 아침이나 점심이 적당하다.

3. 고기를 먹을 때는 채소를 두 배 이상 준비해서 곁들인다.

4. 돼지고기의 하얀 부분은 젤라틴을 포함한 지방으로 피부 미용에 좋다.

5. 고기보다는 생선이 다이어트에 더 좋지만, 꽁치, 갈치, 삼치, 임연수 등은 육류보다 칼로리가 높으니 피한다.

6. 샐러드 드레싱은 깔끔하게 발사믹식초나 간장 소스, 마늘 소스를 사용한다.

7. 양념이 과도하게 들어간 음식은 피하고, 모든 음식을 심심하게 조리하는 습관을 들인다.

8. 음식을 만들 때 오이, 당근, 샐러리 등의 채소 스틱을 즐겨 사용한다.

9. 식품 구입 시 원료나 함량에 당분이나 지방이 많이 든 식품은 피한다.

10. 출출할 때는 미리 만들어 냉장고에 얼려 둔 다이어트 음식을 해동해 먹는다.

11. 빵보다는 밥을 먹는다. 밀가루 요리보다는 쌀 요리가 다이어트에 더 좋다.

12. 키위, 배, 자몽, 토마토는 저칼로리이므로 다이어트에 효과적이다.

13. 음식을 먹을 때 30회 이상 꼭꼭 씹은 후 삼킨다.

날씬하게 요리하기!

1. 라면이 먹고 싶으면 면을 삶을 때 식초를 넣고 기름기를 한 번 뺀 후, 스프를 넣는다.

2. 쇠고기, 돼지고기보다 닭고기를 먹고, 닭고기는 껍질을 제거하는 것이 좋다.

3. 볶음 요리를 할 때는 올리브유를 사용한다.

4. 양파, 피망, 당근 등 채소류를 볶을 때는 기름 대신 약간의 고깃국물을 사용한다.

5. 초밥은 칼로리가 일반 밥의 1.5배! 하지만 잡곡이나 현미밥으로 만든다면 다이어트 효과 만점이다.

6. 면 요리가 먹고 싶다면 밀로 된 면보다 식이섬유를 다량 함유한 메밀면을 사용한다.

7. 요리할 때 소금을 줄이고, 천연 향신료를 사용하여 음식 자체의 맛을 즐긴다.

8. 튀김 요리는 튀김옷과 기름이 닿는 면적을 최대한 줄이기 위해 재료를 큼직하게 썬다. 재료를 미리 익혀, 튀기는 시간을 줄이는 것도 방법!

9. 튀김이나 부침개를 만들 때는 발연점이 높은 포도씨유를 이용한다.

살 빠지는 다이어트 소스 11

마요네즈, 토마토케첩, 치즈, 칠리 위주의 소스보다는 저칼로리의 간장이나 고추장, 된장으로 만든 소스가 입맛을 살리고 다이어트에도 효과적이다.

1. 샐러드를 위한 소스

레몬 소스_레몬즙 1큰술, 꿀 1큰술, 식초 1큰술, 올리브유 4큰술

간장 소스_간장 4큰술, 참기름 2큰술, 깨소금 2작은술, 식초 2큰술, 올리고당 2큰술

토마토 소스_다진 토마토 2큰술, 올리브유 2큰술, 발사믹식초 1큰술, 소금·후춧가루 약간

들깨 소스_들깨가루 2큰술, 간장 1작은술, 들기름 1/2작은술, 식초 1큰술, 다시마물 2큰술

2. 육류를 위한 소스

매운고추 소스_다진 청양고추 1큰술, 다진 붉은고추 2큰술, 간장 1큰술, 사이다 2큰술, 레몬즙 1큰술

된장쌈 소스_된장 2큰술, 맛술 1큰술, 꿀 1/2작은술, 다진 파 1작은술, 다진 마늘 1/2작은술, 고춧가루 1/2작은술, 깨소금 조금

두반장 소스_두반장 2큰술, 물엿 1큰술, 간장 1/2큰술, 식초 1큰술, 마늘즙 1작은술, 깨소금 조금

머스터드 간장 소스_간장 1큰술, 머스터드 1작은술, 레몬즙 2큰술, 꿀 1작은술, 다시마물 2큰술

3. 어류를 위한 소스

초고추장 소스_고추장 2큰술, 꿀 1작은술, 식초 1큰술, 레몬즙 1작은술, 맛술 1작은술, 통깨 약간

사과 소스_사과 1/2개, 식초 1큰술, 간장 1/2큰술, 다시마물 3큰술

플레인요구르트 된장 소스_플레인요구르트 1/2컵, 일본된장 1큰술, 우유 1큰술, 후춧가루 약간

알아 두면 편리한 계량 기준

다이어트 요리를 만들 때 가장 중요한 것 중 하나가 정확한 계량 기준이다. 계량 스푼은 집에서 식사 때 사용하는 어른용 숟가락을 '큰술'로, 찻숟가락을 '작은술'로 표시하였고, 계량컵은 우유 한 팩을 기준으로 했다. 다이어트 레시피는 적게 먹고 살을 빼는 것이 아니라, 재료의 특성을 잘 이용해서 맛있게 먹으며 살을 빼는 것임을 기억하자.

1. 기본 계량

작은술 = 5ml　　　큰술 = 15ml　　　한 컵 = 200ml

재료를 계량할 때는 평평한 곳에서 저울질한다. 가루 계량은 표면을 깎고 한다.

2. 채소 계량

양파 한 개 = 손바닥 사이즈,　　감자 한 개 = 손가락 중지 길이가　　피망 한 개 = 손바닥 사이즈
지름 약 8cm　　　　　　　　　감자 지름 사이즈, 약 7cm

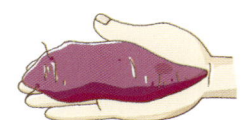　　

고구마 한 개 = 지름 7cm에　　샐러드 채소 한 주먹 = 대략 50g 정도
길이는 손목 끝~손끝 사이즈

3. 고기 계량

  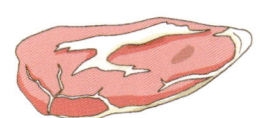 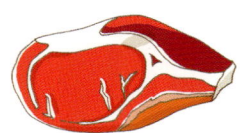

닭 한 마리 = 약 650g, 2~3인분   닭다리 한 개 = 약 57g   돼지고기 = 약 150g, 1인분   쇠고기 = 약 150g, 1인분

4. 면 계량

 네 손가락으로 잡는 정도 = 50g, 2인분

5. 요리술 계량

다이어트 요리라고 칼로리만 고려해 요리해야 한다는 것은 잘못된 생각이다. 요리에 맞는 적절한 맛술을 넣어야 재료와 맛술이 버무려져 요리의 풍미를 살릴 수 있다. 한국 요리에서 청주라고 하면 소주, 청하, 청주 등의 기본 술을 말하고, 서양 요리에서는 와인이나 맥주 등을 사용해 음식의 누린내를 없애고 향을 돋워준다.

청주 1큰술 = 소주 1큰술 = 맥주 4큰술,
맛술 1큰술 = 청주 1/2큰술 + 설탕 1/2큰술

하지만 요리에 쓰이는 술의 정확한 칼로리는 알아두자!
맥주 1/4컵 = 24kcal 〈 양주 1/4컵 = 27.5kcal 〈 청하 1/4컵 = 35kcal 〈 와인 1/4컵 = 37.5kcal 〈 소주 1/4컵 = 90kcal

다이어트 재료 손질

1. 썰기 종류

음식을 써는 것은 모양뿐 아니라 조리 때 재료의 표면적을 크거나 좁게 하여 가열의 효율성을 높이고 양념을 잘 스며들게 하기 위해서다. 섬유질 채소는 섬유결과 직각으로, 또는 어슷 방향으로 썰고, 고기는 결과 반대 방향으로 썰면 연하다. 칼의 앞날은 보통 채소 썰기에 사용하고, 뒷날은 큰 것을 썰거나 다질 때 사용한다.

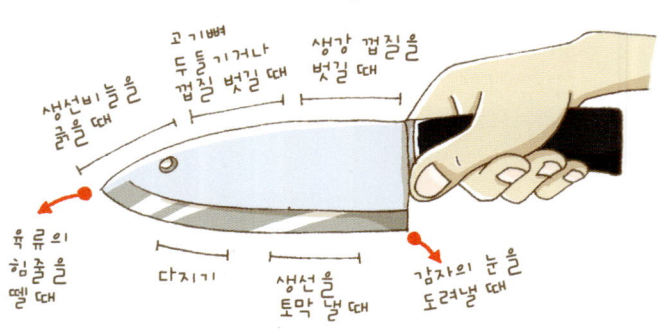

기본형 칼잡기 방법

통썰기_전에 들어가는 호박, 생채용 오이, 조림 음식을 만들 때

채썰기_무생채, 비빔회, 비빔밥

깍뚝썰기_깍두기 모양

나박썰기_물김치, 쇠고기무국 만들 때, 사각형의 납작한 모양

어슷썰기_찌개에 들어가는, 파, 고추 등을 썰 때

반달썰기_매운탕, 찌개에 들어가는 호박 등

눈썹썰기_애호박 볶을 때

얄팍썰기_불고기, 부침두부 만들 때

다지기_마늘, 생강, 파 등을 양념으로 만들 때, 만두와 햄버거용 속을 만들 때

팔모썰기_깍두기용 무, 카레에 들어가는 채소를 손질할 때

은행잎썰기_모양 낼 때나 애호박나물 같은 음식을 만들 때 쓰임

2. 다이어트에 효과적인 채소 손질법

채소는 다이어트에 빠질 수 없는 핵심 재료로 당근은 숙변 제거, 토마토는 스트레스 해소, 버섯은 영양분 보충, 피망은 비타민 C 공급, 오이는 피부 미백 등의 웰빙, 미용 효과가 있다. 조리 방법에 따라 1~20kcal 정도 차이가 나며, 생식하는 것이 저칼로리로 먹는 방법이고, 조리 방법 중에서는 데치는 것이 다이어트에 가장 좋다. 나물 무침은 볶지 말고 바로 양념해야 칼로리가 낮다. 아래에는 이 책의 레시피에 많이 사용된 채소를 기준으로 손질법과 100g당 칼로리를 소개했으니 참고하자.

채소를 사용하고 재료가 남았다면 남은것으로 피클을 만들어요!!

버섯 30kcal_ "No! 칼로리"의 대명사인 버섯은 물에 씻으면, 버섯이 수분을 흡수해 씹는 맛이 떨어지고, 버섯 고유의 향이 빠져나간다. 그러므로 솔이나 행주로 닦아 손질하고, 데쳐 먹거나 샐러드에 넣어 먹는다.

단호박 29kcal_ 호박은 보통 쪄서 먹는데, 찌는 것이 호박의 영양을 가장 잘 살리고 맛이 좋기 때문이다. 찬물에 오랫동안 삶아야 단맛이 골고루 밴다.
　호박의 겉을 물로 씻고 칼을 호박 깊숙이 넣어 반을 가른 후, 속의 씨는 숟가락을 이용해 긁어낸다. 씨는 버리지 말고 말려 다이어트 간식으로 먹자.

오이 19kcal_ 혈액을 맑게 하는 오이는 오돌돌 튀어나온 부분을 굵은 소금을 이용해 문지른 후, 흐르는 물에 씻는다. 오이는 다른 채소와 함께 먹으면 비타민 C가 많이 파괴되지만 식초를 넣으면 이것을 막을 수 있다. 돌기 가시가 선명한 것이 신선하다.

시금치 33kcal_ 삶아서 먹는 것보다 데쳐 먹는 것이 영양에 좋다. 분홍 부분 바로 밑을 칼로 자르고, 흐르는 물에 흙을 씻어낸다. 데칠 때 소금을 넣어야 단맛이 난다. 시금치는 두부, 깨와 궁합이 맞다.

파프리카 24kcal_채소 중 토마토와 레몬보다 비타민 C가 높은 파프리카는 조리 방법을 달리해도 영양가가 크게 달라지지 않는다. 칼로리도 낮아 샐러드나 볶음, 부침개 등에 다양하게 요리해 먹을 수 있다. 머리 부분을 자르면서 씨를 제거하고 안쪽이 보이도록 뒤집어 썬다.

토마토 28kcal_여름 다이어트에 특히 좋은 채소로, 몸을 차게 하는 성질이 있어 갈증을 해소하고 피로 회복을 돕는다. 붉은 색이 영양가가 높으며 상온에서 보관해야 한다. 그냥 먹어도 좋고, 요리에 사용할 때 살짝 데쳐 껍질을 벗기면 영양도 맛도 두 배!

감자 55kcal_감자는 삶아서 먹을 때 칼로리가 가장 낮다. 싹이 없는 것으로 골라, 숟가락이나 감자 깎기로 껍질을 벗긴 후, 찬물에 담가 녹말기를 뺀다.
생감자 55kcal, 삶은 것 72kcal, 구운 것 93kcal, 감자볶음 324kcal.

양파 35kcal_생양파는 지방 분해를 도와 날씬한 몸매 라인을 지켜 준다. 특히 육류를 먹을 때 양파를 곁들이면 다이어트 효과를 볼 수 있다. 생으로 먹을 때는 뿌리와 꼭지를 칼로 자른 후, 한꺼풀 벗기고 씻는다. 찬물에 담갔다가 씻으면 썰 때 덜 맵다.

마늘 35kcal_양파와 같이 육류를 먹을 때 섭취하면 혈중 콜레스테롤 수치를 낮출 수 있다. 칼등으로 껍질채 누르면 마늘이 부서지면서 껍질과 알맹이가 분리된다.

브로콜리 25kcal_노화방지와 위장병에 좋은 브로콜리는 올리브유에 볶아 조리하면 비타민 C의 함량이 높아진다. 줄기 시작 부분을 갈라 칼로 나눈 후, 소금물에 살살 씻고, 끓는 물에 살짝 데쳐 찬물에 헹군다.

당근 37kcal_브로콜리와 함께 베타카로틴이 풍부한 채소로, 기름에 조리해서 먹어야 맛도 영양도 좋다. 껍질이 싱싱하고 붉은색이 선명해야 변비예방에 효과적이다. 머리 부분을 자른 후, 수세미나 감자 깎기로 껍질을 얇게 벗긴다.

콩 30kcal_양질의 단백질이 풍부해, 녹색 쇠고기라 할 정도로 웰빙 식생활에 핵심 재료다. 다이어트 때 멍해져 있는 뇌를 깨우려면 콩에 있는 레시틴 성분을 흡수하자. 생식은 소화에 좋지 않으니, 적은 양의 물에 살짝 불려 익혀 먹는다.

3. 저칼로리 고기 손질법

다이어트 때 단백질은 콩이나 두부로 섭취하는 것이 좋지만, 고기를 안 먹을 수는 없다. 육류는 콜레스테롤이 대체로 높지만, 부위에 따라 지방의 양이 달라서 지방이 적은 부분을 골라 먹으면 된다. 육류 중 다이어트에 효과적인 종류는 닭고기, 쇠고기, 돼지고기 순이다.

100g당 고기별 단백질 함유는 닭가슴살은 23g, 쇠고기 안심 20.7g, 돼지고기 안심 14g이며, 그중 닭고기가 지방 함량이 가장 적다. 자, 그러면 고기별 조리법을 알아보자.

닭고기 가슴살이 지방이 가장 적고 단백질 함량이 높다. 하지만 닭고기의 지방은 껍질에 가장 많으니, 껍질만 제거한다면 다른 부위도 괜찮다. 닭고기 100g당 부위별 칼로리는 안심 105kcal, 가슴살 120kcal, 다리살 211kcal, 날개살 221kcal이다.

닭은 생후 1년 이하의 바로 잡은 닭일수록, 껍질에 주름이 많을수록, 또 모공이 큰 것일수록 싱싱하다. 닭에 붙어있는 내장, 힘줄, 기름 덩어리는 바로 제거한다. 하지만 약간 기름기 있는 육즙을 느끼고 싶다면 지방과 함께 조리한 후, 먹을 때 떼어 내면 부드러운 고기 맛을 즐기며 다이어트할 수 있다. 바로 먹지 않을 것이라면 개별 랩 포장 후 냉동실에 저장한다. 닭 비린내가 걱정되면, 청주를 뿌려 10~20분간 두거나 레몬과 양파를 잘라 닭껍질에 문지른다. 닭 요리는 중간 불에서 오래 익혀야 퍽퍽해지지 않으니 주의하자.

쇠고기 쇠고기는 얇게 썰어 먹는 설깃살과 뒷다리, 앞다리살이 좋다. 등심과 갈비살은 멀리하자. 100g당 부위별 칼로리는 대접살 148kcal, 안심 155kcal, 장정육 184kcal, 우둔 203kcal, 채끝 236kcal, 등심 238kcal, 양지머리 260kcal, 갈비 262kcal이다.

선명한 선홍색을 띤 고기 부위가 다이어트에 효과적이고, 고기에 붙어 있는 지방색이 희고, 흰선 마블링이 많을수록 고기질이 좋고 맛이 좋다. 닭고기와 달리 잡은 후 10일 정도 숙성해야 하며, 고기를 자를 때 고기결과 직각 방향으로 썰어야 질기지 않다.

쇠고기는 얇은 부위라면 살짝 데쳐 조리하여 기름기를 제거하고, 지방이 많은 부위는 푹 삶거나 그릴을 이용해 기름을 쫙 뺀다. 쇠고기를 양념에 재울 때 파인애플, 키위를 갈아서 넣으면 고기가 연하고 맛이 부드럽다. 스테이크 요리라면 구울 때 한 면을 충분히 익힌 후, 다른 한 면을 뒤집어 익혀야 육즙이 적당히 스며들어 맛이 좋다.

돼지고기_돼지고기는 삼겹살보다 앞다리살, 뒷다리살, 어깨살, 목살, 등심이 고단백 저지방 부위다. 100g당 부위별 칼로리는 앞다리 112kcal, 뒷다리 120kcal, 안심 134kcal, 대접살 158kcal, 어깨살 217kcal, 볼기살 233kcal, 갈비 314kcal, 삼겹살 417kcal이다.

목살이 지방이 적어 다이어트에 좋고, 구이나 장조림을 해 먹으면 칼로리가 낮다. 최고의 해동 방법은 요리하기 5~6시간 전에 냉장고에 두어 서서히 녹이는 게, 고기의 맛을 최대한 살리고 싱싱한 고기를 먹는 방법이다. 고기결과 직각 방향으로 칼질을 하고, 돼지고기의 누린내는 조리 방법에 따라 다른데, 조림 요리는 정향과 팔각 향신료를, 편육 요리는 생강, 대파잎, 된장, 커피, 녹차잎을 넣고 삶으면 해결된다. 볶음 요리에는 청주, 찌개에는 된장이나 매운 고춧가루를 넣으면 누린내를 없앨 수 있다.

4. 다이어트 해산물 손질법

해산물은 육류보다 고단백질 저지방 식품으로, 고기를 싫어하는 사람은 꼭 섭취해야 하는 식품이다. 하지만 해산물 중 생선은 다이어트에 좋지만 고칼로리 생선도 있으니 주의해야 한다. 저칼로리 생선으로는 가자미, 대구, 넙치 등의 흰살 생선과 오징어, 문어, 새우, 게, 조개류가 있고, 고칼로리 생선은 꽁치, 갈치, 삼치, 청어, 정어리, 임연수가 있다.

해산물 손질 시 중요한 도구는 소금이니, 천일염을 준비하고, 해동 시에는 냉장고에서 이틀 정도 녹이거나 상온에서 해동하는 것이 좋다. 생선 비린내를 없애는 것은 조리법에 따라 각양각색! 조림이라면 감자와 함께 요리를, 양념장에는 된장을 약간 풀어주고 생강즙을 첨가한다. 구이 요리라면 소금물에 생선을 넣었다 꺼내어 쿠킹호일에 싸서 굽는다. 생선 손질 후, 도마에 생선 냄새가 남아 있다면 식초를 두세 방울 뿌려 비린내를 없앤다.

소금을 조금 넣고, 서늘한 곳에 놓아주세요!

조개_조개는 칼로리가 낮아, 비만을 걱정하는 사람에게 좋은데, 조리 시 센불에서 단시간에 조리해야 부드러운 조갯살을 맛볼 수 있다. 껍질끼리 바락바락 씻어 이물질을 없앤 후, 빈 페트병에 연한 소금물과 조개를 넣고 하룻밤 냉장고에 넣어 두면 모래를 토해낸 말끔한 조개를 준비할 수 있다. 단, 바지락과 같은 담수 조개는 맹물에서 해감해야 하고, 해감을 할 때 물의 양은 조개가 살짝 잠길 정도로 맞춘다.

새우_소금물에 새우를 담가 살살 문지른 후 헹군다. 등껍질을 들춰 꼬리까지 싹 벗기고 물주머니 제거 후, 이쑤시개를 이용하여 1~2째 마디의 등 뒤 내장을 떼어 낸다. 키친타월로 수분을 없앤 후, 가지런히 정리하여 랩을 씌워 냉동실에 보관!

꼬리부분의 물주머니를 제거해!

홍합_연한 소금물에 담가 해감을 한 후, 홍합의 수염은 가위로 자른다. 껍질에 붙은 이물질은 칼, 칫솔 등으로 제거한다.

관자_조개의 왕, 키조개는 입구 끝을 살짝 깨뜨려 연다. 껍질을 벌리면 날개, 꼭지, 관자 세 파트로 나뉘어져 있는데, 관자는 흐르는 물에 씻고, 나머지 부분은 해산물 찌개의 국물 맛을 낼 때 유용하니 잘 보관한다.

오징어_물에 씻은 후 도마에 올려 배 한 가운데를 가르고 다리를 잡아당겨 내장을 떼어 낸다. 다리에 붙은 내장과 이빨을 잘라 내고, 몸통에 붙은 껍질을 칼끝을 이용해 긁어낸다. 다리에 붙은 빨판을 칼로 긁고 물에 헹군다.

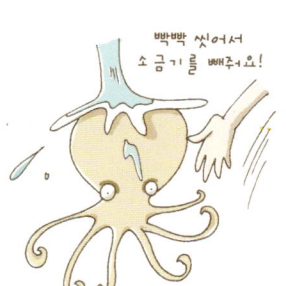

쭈꾸미_4~5월이 제철인 쭈꾸미는 소금기를 머금고 있어 물로 박박 씻어 소금기를 빼고 요리해야 제맛이 난다. 머리와 다리를 잘라 내고 머리 안에 있는 내장과 먹물을 떼어 낸다. 다리 한중간의 이빨도 잘라 내고, 물에 씻은 후 밀가루를 한 수저 넣고, 빨판을 중심으로 문질러 물로 씻은 후 체에 받쳐 물기를 제거한다. 냉동 쭈꾸미는 해동 후, 밀가루에 박박 비빈 후 물에 헹구면 손질 끝!

훈제연어_연어는 살이 물러 조심해서 잘라야 한다. 껍질은 올리브유를 뿌려 오븐에 구워 장식용으로 사용할 수 있다. 마트에서 파는 냉동된 슬라이스 훈제연어는 냉장실에서 자연 해동을 해야 맛이 산다. 연어가 느끼한 사람은 레몬즙을 곁들이면 상큼하게 먹을 수 있다.

도미_도미는 바다의 신사라 불리며, 단맛이 나고 담백한 게 특징! 생선은 꼬리에서 머리 방향으로 칼등을 이용해 비늘을 정리하는데, 흐르는 물에 비늘을 벗기면 몸에 튀지 않아 편리하다. 머리와 아가미 아래 부분까지 깨끗이 정리하고, 아가미와 내장을 제거한 후 머리를 자른다. 몸통을 나누고 흐르는 물에 씻는다.

5. 살 안찌는 누들 조리법

웰빙 식재료 검은콩, 쌀국수, 메밀, 곤약하면 국수 요리가 떠오른다. 국수는 밥을 대신해서 먹는 든든한 한끼 요리로, 과거에는 특별한 날이나 혼례, 제례음식으로 많이 사용되었는데, 긴 국수 면처럼 오래 살길 바라는 것이 그 기원이다. 요즘은 칼로리가 거의 없는 실곤약면, 쌀국수 등이 다이어트 누들로 개발되었다.

국수 요리의 포인트는 충분한 물의 양과 타이밍! 물이 끓으면 면을 삶아 찬물을 부어 가며 넘치는 것을 조절하고, 삶은 면은 찬물로 재빨리 헹궈 전분기를 없애야 쫄깃한 면 요리가 된다. 다른 방법으로는 면을 끓일 때 식초를 몇 방울 떨어뜨리고 젓가락으로 위 아래로 크게 저어 주면 찰랑거리는 면 요리를 맛볼 수 있다.

꼬들꼬들한 면이 먹고 싶다면 면을 삶을때 식초를 몇방울 넣어주세요~

곤약면_ 토란과에 속하는 뿌리 식품으로 칼로리가 0이라 다이어트 식품 중 인기가 많다. 단 영양가가 전혀 없어, 누들로 만들어 먹을 때 영양가 많은 채소들을 넣고 요리해야 부족한 영양을 채울 수 있다. 실곤약은 끓는 물에 살짝 데쳐 찬물에 헹구어 물기를 제거한다.

쌀국수_ 다이어트 국수로 인기 있는 베트남 쌀국수는 면이 쌀이라 소화 흡수가 밀가루보다 뛰어나고 신선한 채소가 들어가 우리 입맛에도 친숙하다. 찬물에 20~30분 정도 불린 후, 끓는 물에 국수를 넣고 3분 정도 삶아 재빨리 건진다.

메밀면_ 일본 요리 소바에 사용되는 메밀면은 여름철 별미 국수로, 몸의 열을 내려 주어 소화가 잘 되게 하는 효능이 있다. 삶을 때 저어 주고 체에 건져 물기를 뺀 후, 얼음물에 넣어야 면발이 쫄깃하다.

라·면_ 인스턴트 식품이긴 하지만 라면도 건강하게 먹을 수 있다. 면을 한 번 삶아 체에 받쳐 찬물에 헹군 후 끓는 물에 식초를 한 방울 떨어뜨려 다시 끓이면 기름기가 쫙 빠진 꼬들꼬들한 라면을 맛볼 수 있다.

6. 저칼로리 육수 만들기

육수는 고깃국물을 뜻하는데, 고기, 고기뼈, 멸치, 닭, 돼지, 새우, 채소, 가쓰오부시, 다시마, 표고버섯, 조개 등 음식의 종류에 따라 무궁무진하다. 각 요리에 맞는 적당한 육수를 넣고 끓인다면 음식의 향과 맛을 더할 수 있다. 다이어트에는 채소육수와, 닭육수가 적당한데, 고단백 저지방 재료이기 때문이다. 특히 닭이나 채소는 향이 강하지 않아 파스타, 스프 등 서양 요리에 두루두루 사용되며, 볶음 요리에 기름 대신 육수를 넣고 조리하면 칼로리를 줄일 수 있다.

다이어트에 최고, 채소육수

재료: 건표고버섯 3개, 양파 1개, 대파 2대, 마늘 6쪽, 무 1/2개, 올리브유 조금, 물 3L

만들기
1. 채소는 껍질과 뿌리를 제거하지 않은 채로 깨끗이 씻어 듬성듬성 썬다.
2. 냄비에 올리브유를 두르고 채소를 볶는다.
3. 물을 붓고 센불로 끓이다가 약불로 조절해 약 한 시간 끓인다.
4. 채소를 건져 내고 표면에 떠 있는 기름을 제거한 후 국물을 면보에 걸러 낸다.

다이어트 최고봉, 채소육수

한식에서 가장 사랑받는 멸치다시마육수

한국 어머니들이 멸치다시마육수를 사랑하는 이유는 가격이 저렴하고 쉽게 구할 수 있기 때문! 이 책 레시피 중, 바지락쌀국수, 호박잎영양밥 등에 사용하고, 평상시 수제비, 칼국수 등을 만들 때 사용한다.

재료: 굵은 멸치 1/2컵, 다시마 1장(가로X세로 각 5cm), 물 2L

만들기
1. 멸치 머리는 그대로 두고, 쓴맛을 내는 내장은 제거한다.
2. 프라이팬에 약한 불로 볶아 멸치의 구수한 맛을 살린다.

멸치다시마육수

3. 냄비에 물을 붓고 다시마와 멸치를 넣고 끓인다.
4. 끓어오르면 약불로 30분가량 우린다.
5. 국물은 면보에 거른다.

외국 요리에 인기 있는 닭육수

닭육수는 서양 요리에 자주 사용되며, 국물 우리는 시간이 짧고, 향이 부드러운 장점이 있다. 이 책 레시피 중, 보리알채소스프, 인삼버섯스프, 그린리조또 등에 사용된다.

재료: 닭 1마리, 대파 1개, 생강 조금(방울토마토 크기), 양파 1개, 통후추 5알, 물 5L

만들기
1. 닭은 꼬리지방, 목지방, 껍질을 제거하고 깨끗이 씻는다.
2. 닭 누린내를 없애기 위해, 끓는 물에 1~2분가량 넣었다 찬물에 헹군다.
3. 냄비에 물을 붓고 끓기 시작하면 약불로 줄여 재료를 넣고 한 시간 정도 곤다.
4. 중간 중간 거품을 걷어 낸다.

닭육수

웰빙 이야기

자연 소금 이야기

"소금은 그냥 짠맛을 더해주는 조미료다?"

흔히 소금은 맛을 더해 주는 조미료라고만 알려져 있는데, 다이어트에는 짜고 매운 자극적인 음식보다 간을 싱겁게 맞춘 음식이 좋다. 그렇다고 소금을 안 넣을 수도 없는 노릇이니 음식에 따라 다양한 종류의 고운소금, 굵은소금, 천일염, 꽃소금, 맛소금, 구운소금 등을 사용한다. 또, 건강한 식재료와 함께 소금을 매치시키면 소금도 다이어트에 도움이 될 수 있다. 웰빙, 오가닉으로 상징되는 허브와 결합하여 다이어트에 도움되는 소금을 만들어 보자. 이름하여 다이어트 허브솔트!

허브솔트

로즈마리솔트

재료: 굵은소금 250g, 통후추, 로즈마리잎, 파슬리, 마늘

만들기

1. 로즈마리잎, 파슬리, 마늘을 말려 통후추와 함께 간다.
2. 소금을 ①과 함께 섞어 분쇄기에 간다.
3. 만약 로즈마리잎과 고추를 넣고 갈면 매콤한 로즈마리페퍼솔트가 완성된다.

로즈마리솔트   로즈마리페퍼솔트

레몬솔트

재료: 굵은소금 250g, 레몬 1개, 통후추, 펜넬씨, 월계수잎 조금

만들기

1. 레몬은 껍질을 잘게 갈아놓고 허브, 굵은 소금, 통후추 등을 넣고 섞는다.
2. 햇볕에 말려 밀폐 유리용기에 담는다.

레몬솔트

천연 조미료 이야기

인공 조미료는 건강에도 해롭고 음식의 맛도 강해져 식욕을 돋울 수 있으니, 다이어트를 하는 동안에는 천연 조미료를 사용해 요리하자. 조미료는 말 그대로 보조제로 음식의 맛을 살리는 역할을 한다. 만들기가 번거롭다고 생각할 수도 있지만 건조한 재료들은 말렸을 때 감칠맛이 증가하고 오랜 기간 보관할 수 있어 오히려 간편하다. 홈메이킹 천연 조미료로 몸도 마음도 건강하게 지키자.

버섯가루_ 버섯을 말린 뒤 갈아서 보관하면 사용이 용이하다. 버섯은 콜레스테롤 수치를 떨어뜨려 다이어트에 효과적이며, 찌개와 조림에 넣으면 감칠맛이 난다.

마늘가루_ 말려서 분말로 만들어 사용하면, 껍질을 벗겨 냉동실에 넣어 두는 것보다 냄새가 나지 않아 편리하다.

양파가루_ 양파를 말려서 분말 형태로 만들면 매운맛이 사라져 샐러드 등 열을 가하지 않는 음식에 사용할 수 있다.

생강가루_ 생강은 생으로 넣는 것보다 말려서 분말로 넣으면 쓴맛 없이 산뜻하게 먹을 수 있다. 찜통에 찐 후, 말려서 분말화한다.

멸치가루_ 중멸치를 골라 머리와 내장을 제거하고 팬에 기름을 넣지 않고 볶아 믹서에 간다. 멸치다시다 대용으로 그만이다.

들깨가루_ 들깨를 믹서에 두 번 정도 곱게 간다. 나물이나 탕류에 첨가해서 먹으면 칼슘, 철분을 흡수할 수 있고 피부 미용에도 좋다.

피부 미용에 좋은 식초 음료 이야기

과거 우리나라에서는 식초라 하면 양조식초와 사과식초 뿐이었다. 하지만 지금은 다이어트와 건강에 좋다고 알려져 감식초, 사과식초, 포도식초, 홍초, 흑초 등 다양한 제품이 시중에 판매되고 있다. 식초는 신맛을 가진 대표 조미료로, 재료를 발효시켜 만들며 피로회복, 간 기능 회복, 유연성 향상, 미용에 좋다. 서양에서는 일찍부터 식초가 연구되어 발사믹식초, 맥아식초 등이 개발되었다. 그 중 와인식초는 포도를 이용해서 만든 조미료로 와인과 만드는 과정이 비슷한데, 등급도 숙성 기간에 따라 여러 가지가 있어서 한 병에 100만 원이 넘는 것도 있다고 한다. 숙성을 오래할수록 고급 식초다.

하지만 집에서도 쉽게 고가의 식초 못지않은 과일식초를 만들 수 있는데, 먹다 남은 과일을 식초에 넣고 냉장고에서 숙성시키면 완성! 식초로 음료를 만들어 하루에 2회 이상 마시면 피부미백, 피로회복에 효과가 있다.

발사믹식초_포도즙을 이용해 만든 이탈리아 전통 식초다. 특유의 깊은 맛과 향으로 서양 요리에 많이 쓰이며, 변비와 비만에 효과적이다.

사과식초_품질 좋은 사과 과즙을 발효하여 만드는데, 사과의 은은한 향이 음식 맛을 살려주고 구연산과 주석산이 몸에 쌓인 노폐물의 배출을 돕는다.

감식초_감즙을 유리용기에 담아 1년간 숙성시킨 것이 감식초이며, 다른 식초에 비해 맛이 부드러워 음료수로 마시기에 무리가 없다. 비타민 함량이 높아 피로회복에 좋고, 비만과 각종 성인병을 예방해 준다. 하루 2~3회씩 꾸준히 마시면 체지방을 분해하는 효과도 있어 다이어트 건강식품으로 손꼽힌다.

흑초_일본인들의 건강 조미료인 흑초는 현미나 맥아를 원료로 오랜 기간 발효해 만든다. 필수 아미노산과 미네랄 함량이 높다. 맛과 향이 단 것이 특징이며, 비만과 성인병 예방에 좋다. 물:흑초=3:1로 희석해서 음료수처럼 마신다.

올리브유 이야기

건강 지킴이 올리브유를 이용한 다이어트가 최근 헐리웃 스타들에게 주목을 받았다. 원래 올리브 다이어트는 스페인 여인들이 대식을 함에도 아침 공복에 한 두 숟가락 올리브유를 떠먹고 미를 유지하는 데에서 만들어진 방법이다. 규칙은 공복에 두 숟가락의 올리브유를 먹는 것으로 간단하나, 그 특유의 향으로 사람에 따라 비위가 맞지 않을 수도 있다. 다이어트 식품으로 사용하려면 엑스트라 버진, 파인 버진, 버진 올리브유가 적당하다.

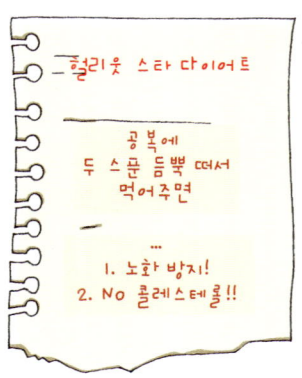

올리브유는 콜레스테롤이 전혀 없고, 노화방지 효과가 있어, 다이어트를 하는 사람에게 특히 좋다. 올리브유의 등급은 산도로 결정 되는데, 산도란 신맛을 의미하며, 등급을 결정하는 기준이기도 하다. 숫자가 낮을수록 품질이 훌륭하고, 개봉 후엔 서늘한 곳에 보관해야 한다.

살 안 찌는 냉장고 정리법

저칼로리 요리를 먹고 살을 빼기 전, 몇 가지 주변 정리가 필요하다. 살을 빼겠다는 굳은 다짐과 함께 부엌으로 가, 나를 유혹하는 냉장고를 정리하자. 특별한 노하우가 있는 '되지'의 다이어트 냉장고를 소개한다.

1. '다이어트 피기스'의 6시 이후 절대금지 스티커를 냉장고 문에 붙인다.

2. 스티커 옆에 라이벌의 사진 한 장! 제시카 알바 사진은 어떨까?

3. 냉장고 문은 하루에 10번 이상 열지 않는다. 당신에겐 그 외에도 할 일이 잔뜩 있다.

4. 냉장고 안에 들어 있는 내용물은 표로 정리하여 일주일에 한 번 체크한다.

5. 음식을 신선하게 보관하기 위해 냉장고 공간은 30% 정도 비워 둔다.

6. 채소는 씻어서 물기를 빼고 지퍼백에 담거나, 랩을 씌워 보관한다.

7. 천연 조미료는 냉장 보관해야 오래 먹을 수 있다.

8. 바나나, 키위 등 열대 과일과 감자, 고구마는 냉장고 사절! 상온 보관이 좋다.

9. 다이어트를 위해 과자나 초콜릿 대신, 채소스틱과 견과류, 과일로 채워 둔다.

10. 탄산음료보다 주스, 물, 식초 음료, 우유 등을 냉장실 문에 꽂아 둔다.

채소 스틱 간식

감식초 드링크

다이어트 접시 소개

칼로리, 운동, 식재료 등으로 다이어트를 위한 노력을 했다 해도 접시에 담으면서 힘들게 만든 다이어트 음식을 망칠 수 있다는 사실을 아는지! 빨강이나 노란색 등 밝고 화려한 컬러는 식욕을 북돋아 음식을 많이 먹게 만든다. 패스트푸드점에 가면 포장이나 인테리어에 레드 톤으로 데코레이션하는 이유가 이런 까닭이다. 살 빠지는 요리는 저울모양 접시, 줄자모양 접시, 다이어트 식판 등 살 빠지는 접시에 담아, 다이어트 효과를 두 배로 느껴보자.

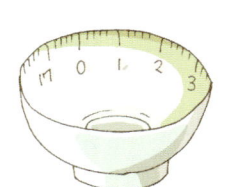

색깔별 다이어트 접시의 효능

시원한 파랑_독이나 쓴맛을 연상시켜 식욕을 감퇴시킨다.

보라_강한 컬러이기 때문에 질리는 효과를 일으킨다. 서서히 입맛이 떨어진다.

짙은 초록_식욕감퇴 효과가 있으나, 밝은 연두나 녹색은 오히려 식욕증진 효과가 있다.

검정색 접시_쓴맛과 함께 부패한 느낌을 주어 식욕을 감퇴시킨다.

 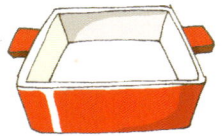  

흰색_흰 접시에 음식을 담으면 음식의 색이 강조되어 식욕이 돈다.

빨강_맛있고 달콤함을 연상시켜 식욕을 증진한다.

분홍, 노랑_새콤달콤함을 느끼게 하여 입맛을 돋운다.

주황_포만감을 잊게 해서 과식을 유발시킨다.

호텔 주방장의 다이어트 요리 칼럼

연어 이야기

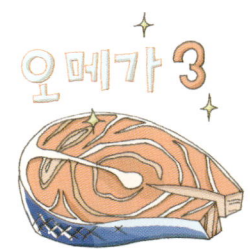
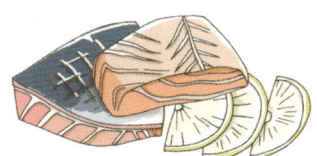

"연어는 기름기가 많아서 다이어트에 도움이 안 된다고?"
연어를 썰어 보면 나이테와 같은 살결이 보이는데 지방이 많을수록 하얀 선이 뚜렷하다. 그렇다고 연어를 섭취하면 살이 찐다는 오해는 금물! 연어는 불포화지방산 오메가 3이 많이 함유되어 있어 오히려 혈중 콜레스테롤을 밖으로 배출시키고, 노화방지에도 좋아 다이어트 식품으로 그만이다. 다이어트 시 생기기 쉬운 다크 서클과 푸석해진 피부를 환하게 만들어 주는 피부미용 효과 또한 있다. 연어가 비릿해 먹기 힘든 사람은 레몬즙을 뿌리면 느끼하지 않게 먹을 수 있다.

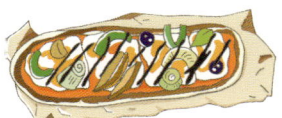

다이어트 피자, 야채 피자

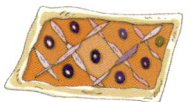

로마 피자

터피 피자, 피데(Pide)

피자 이야기

다이어트 시 피해야 할 음식으로 피자, 햄버거 등의 패스트푸드가 꼽히는데, 정통 이탈리안 피자는 도우도 얇고 토핑도 건강식이다. 피자 도우와 치즈는 김치와 같은 발효 식품으로 토핑만 건강하게 올린다면 오히려 다이어트 음식이 될 수 있고, 또한 치즈에는 일일 칼슘 권장량이 들어 있어 다이어트 시 부족한 영양분을 채울 수 있어 좋다. 다이어트 피자로 손색없는 베지테리언 피자를 소개한다. 두꺼운 도우 말고 얇은 호밀 피자 브레드를 도우로 하여 토마토케첩을 바른다. 그 위에 샐러드 채소, 토마토 슬라이스, 생 모짜렐라 치즈를 얹고 올리브유를 뿌리면 날씬한 피자 완성!

치즈 이야기

치즈는 우리나라의 된장과 같이 서양에서는 없어서는 안 될 건강 식재료다. 치즈는 발효식품으로 젖소, 버팔로, 염소, 양에게서 얻은 우유의 단백질과 지방으로 만들어지는데, 숙성 안 된 생치즈와 숙성시킨 반연질, 경질 치즈로 나뉘어진다. 치즈의 종류는 재료, 생산 지역, 지방 함유량, 첨가된 허브와 향신료에 따라 백 가지도 넘게 분류될 수 있다. 치즈에도 지방 함유량이 있긴 하지만, 몸에 필요한 단백질 함유량 또한 높아 단백질이 지방 연소를 도와준다. 칼슘 함량도 높아 골다공증과 빈혈을 예방해 주니, 다이어트를 하는 사람에게 좋은 간식거리가 될 수 있다. 단, 지방 함량이 50%를 넘지 않는 것으로 선택해야 한다.

동양에선 된장!! = 서양에선 치즈!

치즈 다이어트

치즈 다이어트_ 아침, 간식 대용으로 식사 대신 치즈를 먹는 것이 치즈 다이어트 룰이다. 한 조각의 치즈로 공복감을 줄여 과식을 방지할 수 있다. 잘 익은 토마토와 함께 먹으면 더 맛있게 먹을 수 있다.

술은 다이어트의 적?

다이어트를 할 때 보통 술을 삼가라고 하는데, 회식이나 친구들의 모임에서 무조건 술을 거부할 수만은 없는 노릇이다. 도망가는 것만이 상책은 아니니 적을 알고 나를 알면 백전백승!

술 중 레드와인은 위액 분비를 촉진해 소화, 이뇨, 배설을 도와주어 미국의 어느 병원에서는 와인을 약 대신 처방하기도 한다. 또 최근에는 다이어트에 도움되는 웰빙 칵테일에 대한 관심

정글 쥬스 칵테일

비어 요거트 칵테일

이 높아지면서 다양한 종류의 칵테일을 쉽게 접할 수 있다. 그 중 정글주스라는 칵테일은 바나나, 오렌지주스, 생강, 보드카를 섞어 만드는데, 몸에 좋은 생과일이 주재료라서 음주 중 공복감을 느끼지 않게 도와준다. 두 번째, 비어요구르트는 맥주에 요구르트를 섞은 칵테일로, 해장술로 그만이다. 기타 방법으로, 술을 마실 때 술의 양만큼 물을 마시고, 될 수 있으면 채소와 기름기 적은 음식을 먹는 것 등이 있다. 한 잔을 기준으로 한 술의 칼로리는 다음과 같다.

샴페인(20Kcal)　레드와인(40Kcal)　화이트 와인(50Kcal)　소주(90Kcal)　보드카(92Kcal)

병맥주(100Kcal)　막걸리(100Kcal)　위스키(100Kcal)　생맥주 500ml(190Kcal)

위의 술 중 레드와인은 마시지만 말고, 화장솜에 적셔 얼굴에 바르면 피부 노폐물이 제거되어 깨끗한 피부결을 만들 수 있다. 그리고 마시다 남은 와인은 고기를 잴 때, 상그리아(와인 음료수), 와인젤리 등에 사용하면 다이어트 음식으로도 활용할 수 있다. 술이라고 무조건 외면하지 말고, 다이어트에 도움이 될 수 있는 부분을 찾아내어 활용해 보자.

Part.2 내 몸이 가벼워지는 샐러드

출근이나 등교 준비에 쫓기는 현대인들은 제대로 된 아침밥을 먹을 시간이 없다. 이럴 때 부담스럽지 않고 빠른 시간 내에 먹을 수 있는 샐러드를 만들어 보자. 보기만 해도 신선함이 느껴지는 다양한 채소들. 푸른 잎과 상큼한 드레싱의 만남. 비타민, 섬유질, 무기질이 풍부한 채소는 몸에도 좋고 피부 미용에도 빠지지 않는 항목이다. 채소와 함께 웰빙 재료들로 꾸민 샐러드 식탁을 소개한다.

1인당 92 kcal

그린포테이토샐러드

재료 (2인분 기준) 감자 2개, 생크림 3큰술, 그린올리브 5개, 아스파라거스 4대, 완두콩 1/4컵, 소금 1/2작은술, 베이비그린 채소 1줌(50g), 우유 1/2컵, 물 1컵, 올리브유 1큰술, 후추 약간

1. 냄비에 물 1컵, 우유 1/2컵과 크게 썬 감자를 넣고 약 15분간 삶는다.

2. 완두콩은 끓는 물에 소금을 넣고 10분간 삶고 아스파라거스는 소금물에 살짝 데친다.

3. 아스파라거스는 1cm 크기로 자르고 그린올리브는 잘게 다져 준비한다. 그린올리브가 짠맛을 가지고 있으므로, 소금 간은 하지 않아도 된다.

4. 삶은 감자를 포크로 으깬다.

5. 볼에 준비해 놓은 으깬 감자, 그린올리브, 아스파라거스, 완두콩, 생크림, 후추를 넣고 섞는다.

6. 접시에 베이비그린 채소를 깔고 올리브유를 뿌린 후 동그랗게 모양을 낸 감자샐러드를 얹는다.

상큼한 오렌지와
담백한 닭가슴살의 만남!

구운치킨샐러드

1인당 194 kcal

재료 (2인분 기준) **닭가슴살 2쪽(200g), 로메인상추 2줌(100g), 로즈마리솔트 1/2작은술, 우유 1컵, 청주 1큰술, 오렌지 조각(오렌지 1/2개)**

오렌지만다린 드레싱: 오렌지주스 1컵, 올리브유 2큰술, 식초 1큰술, 올리고당 1/2큰술, 다진 양파 1/2큰술, 레몬즙 1/2큰술, 소금 약간

크루통: 곡물식빵 2장, 올리브유 1큰술, 파슬리 가루 1작은술, 파마산치즈 가루 1/2큰술, 올리고당 1/2큰술

1. 식빵 가장자리의 두꺼운 부분은 잘라내고 주사위 모양으로 썬 뒤 크루통 재료와 함께 섞는다. 180℃ 오븐에서 20분간 구워낸다.

2. 닭가슴살은 우유에 30분 동안 담가 누린내를 없앤 후 청주, 로즈마리솔트, 후추로 간을 한다.

3. 오렌지만다린 드레싱 재료를 모두 섞고, 맛을 봐가며 소금으로 간을 한다.

4. 밑간을 한 닭가슴살을 190℃ 오븐에서 20분간 굽고 뒤집어서 10분 더 굽는다.

5. 로메인상추를 접시에 담고 위에 구운 닭가슴살, 크루통, 오렌지 조각을 놓고 드레싱을 곁들인다.

연어아스파라거스롤 샐러드

1인당 155 kcal

재료 (2인분 기준) 훈제연어 슬라이스 12장, 아스파라거스 12대, 베이비시금치 2줌(100g), 플레인요구르트 1개, 올리브유 1큰술, 소금, 후추 약간, 호두 4개, 파슬리 가루 약간

1. 아스파라거스는 딱딱한 밑둥을 제거하고 약 10cm로 잘라 올리브유를 두른 팬에 소금, 후추로 간을 하며 볶는다.

2. 준비된 아스파라거스에 연어를 돌돌 만다. 접시에 베이비시금치를 올린 후 그 위에 돌돌만 연어아스파라거스롤, 호두를 얹는다.

3. 플레인요구르트로 드레싱하고, 파슬리 가루를 뿌린다.

연어의 효능

연어는 미국의 스티븐 플랫 박사가 제안한 몸에 좋은 14가지 기초 식품인 '슈퍼푸드'에 들어간 유일한 생선이다.

연어는 산란을 위해 강으로 돌아오는 과정에서 몸에 많은 영양분과 에너지를 최대한으로 축적하게 되는데, 연어의 붉은 살에 있는 아스타크산틴이란 성분은 혈액순환에 탁월할 뿐만 아니라 자외선으로 인한 피부 손상에도 좋다. 또, 스트레스로 인한 피부 색소 침착을 개선하여 다크서클에 효과적이다. 그래서 연어를 3일만 꾸준히 먹으면 눈 밑이 환해진다는 말이 있을 정도로 그 효능이 뛰어나다.

또한 연어에는 오메가3로 알려진 불포화지방산이 다량 함유되어 있다. 지방산은 면역 결핍 질환을 막아 주는 역할을 하는 성분이어서 류머티즘 질환의 일종인 루프스를 막아 줄 뿐 아니라 노인성 치매를 방지함에 있어 효과가 뛰어나다. 오메가3는 두뇌를 강화하고 혈압을 낮추는 등의 역할을 해 심장병을 예방해 준다.

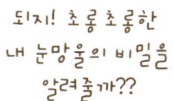

그리고 비타민 A가 풍부하게 들어 있어 감기에 잘 걸리는 사람이나 눈이 쉽게 피로해지는 사람들, 피부가 지나치게 건조한 사람들에게 효능이 뛰어나다. 연어 100g당 칼로리가 160kcal밖에 되지 않아 다이어트 식품으로도 그만이다. 연어를 고를 때는 아가미가 선홍색이며 몸에 은빛이 나는 것이 좋다.

미역은 다이어트에 굿!

미역은 섬유질이 많아 적은 양으로도 쉽게 포만감을 느낄 수 있는 식품이다. 무기질과 비타민이 많을 뿐만 아니라 칼로리도 낮아(생미역 70g당 12.6kcal) 살이 찌는 데 영향을 주지 않는다.

또한 미역은 신장이나 방광의 기능을 개선시키고, '알긴산' 이라는 식물성 섬유가 있어 배변을 원활하게 해 주어 특히 하체 비만인 사람들에게 좋다. 요오드가 부족하면 신진대사가 완만해져서 비만의 원인이 되기도 하는데, 미역에는 이런 요오드가 풍부해 비만을 예방하는데 좋은 식품이다.

또한 콜레스테롤 수치를 떨어뜨리고 중금속 등 유독물질을 흡착하여 배출하는 역할을 하므로 공해 속에 생활하는 현대인에게 꼭 필요하다.

1인당 125 kcal

두부미역샐러드

재료 (2인분 기준) 검은깨 두부, 오곡 두부, 고구마 두부, 일반 두부 각 1모, 불린 미역 1/2컵(50g), 오이 1/2개, 양파 1/4개, 청·홍고추 각 1/2개, 소금 약간

배즙 드레싱: 배 1/4개, 식초 1/2큰술, 올리고당 1작은술, 소금 1/2작은술

1. 미역을 물에 30분 동안 불려 물기를 빼고 1~2cm로 썬다.

2. 양파는 얇게 썰고, 오이는 가늘게 채 치고, 청·홍고추는 어슷 썬다. 양파의 매운맛을 없애려면 차가운 물에 담가 둔다.

3. 배는 강판에 간 후 걸러서 배즙을 만든다.

4. 드레싱 재료를 섞어 드레싱의 절반을 준비한 미역에 넣고 버무린다.

5. 동그란 모양의 무스링(케익용틀)을 이용해 각 두부에 동그란 모양을 찍어낸다.

6. 접시에 색이 다른 모양 두부를 각각 2층으로 쌓고 그 위에 양파-오이-미역-고추 순으로 얹은 다음 남은 드레싱을 뿌린다.

1인당 **124 kcal**

차가운 쌀국수샐러드

재료 (2인분 기준) 쌀국수 100g, 칵테일 새우 1/2컵, 레몬즙 2큰술, 청고추 1개, 홍고추 1개, 칠리 소스 2큰술, 액젓 1큰술, 매실청 1큰술, 마늘 1쪽, 실고추 약간

1. 새우는 끓는 물에 살짝 익을 정도로 데친다.

2. 쌀국수는 미지근한 물에 30분간 담갔다가, 끓는 물에 2분 삶는다. 찬물에 헹군 뒤 체에 받쳐 물기를 뺀다.

3. 청·홍고추는 씨를 제거한 후 잘게 자르고, 마늘은 다진다.

4. 칠리 소스, 액젓, 매실청, 다진 마늘, 청·홍고추, 레몬즙을 섞어 소스를 만든다.

5. 볼에 삶아 놓은 쌀국수와 익힌 새우, 소스를 넣고, 조물조물 무쳐서 그릇에 담고 실고추로 장식을 한다.

1인당 **351** kcal

모둠해산물절임 샐러드

재료 (2인분 기준) 해물(새우 4마리, 쭈꾸미 2마리, 홍합살 1/2컵), 양파 1/4개, 청·홍피망 각 1/2개, 방울토마토 10개, 케이퍼 1큰술, 샐러드 채소 2줌(100g), 화이트와인 2큰술, 소금 1작은술

오렌지 드레싱: 오렌지즙 3큰술, 레몬즙 1큰술, 올리브유 1큰술, 식초 2큰술, 마늘 1작은술, 소금, 후추 약간

Recipe

1. 해산물은 깨끗이 씻어 소금과 화이트와인을 넣은 물에 데친다.

2. 방울토마토는 윗면에 열십자 칼집을 내어 뜨거운 물에 데친 후 껍질을 벗긴다.

3. 마늘은 다지고, 양파와 피망은 가늘고 길게 채 썬다.

4. 레몬즙과 오렌지즙에 올리브유, 마늘, 소금, 후추를 넣고 맛을 봐가면서 식초를 천천히 부어 간을 조절하며 드레싱을 만든다. 너무 신맛이 나지않게 식초의 양을 조절한다.

5. 데쳐 놓은 해산물과, 준비한 양파, 피망, 방울토마토, 케이퍼와 샐러드 채소에 드레싱을 뿌려 섞은 후, 약 1시간 정도 냉장고에 넣어 두었다가 먹는다.

게살오이롤샐러드

1인당 108 kcal

재료 (2인분 기준) 게맛살 5줄(120g), 오이 1개, 양파 1/2개, 파프리카 1/2개, 플레인요구르트 2큰술, 베이비샐러드 채소 1줌(50g), 올리브유 1작은술, 날치알 1큰술, 소금, 후추 약간

Recipe

1. 오이의 2/3 정도를 얇게 썰어 약간의 소금을 뿌려 절인다.

2. 게맛살은 잘게 찢고, 양파와 파프리카는 다지고 남은 오이 1/3은 채 썰어 둔다.

3. 볼에 게맛살, 양파, 파프리카, 오이, 소금, 후추, 플레인요구르트를 넣고 버무린다.

4. 키친타월로 오이의 물기를 제거한 뒤 김밥발에 겹쳐서 올려놓고 위에 게맛살을 얹는다. 김밥 말듯이 돌돌 말아 2cm 두께로 썬다.

5. 접시 한가운데 베이비샐러드 채소를 담고 올리브유를 뿌린 후 주위에 게살 오이롤을 놓고 위에 날치알을 얹는다.

연근마샐러드

1인당 148 kcal

재료 (2인분 기준) 연근 1/2뿌리, 마 1/2뿌리, 식초 1큰술, 샐러드 채소 2줌(100g), 올리브유 1큰술, 발사믹에센스 2큰술, 소금, 후추 약간

1. 연근과 마를 깨끗하게 씻어 얇게 썬다.

2. 식초를 떨어뜨린 물에 연근과 마를 데쳐 떫은 맛을 없앤다.

3. 데친 연근과 마를 오븐팬에 펼친 뒤 올리브유를 골고루 바른 뒤 소금, 후추를 뿌린다. 160℃ 오븐에 30분간 굽는다.

4. 접시에 샐러드 채소를 깔고 연근, 마를 담아 올리고, 발사믹 에센스를 뿌린다.

연근의 가치

조선시대 대학자이자 효자로 유명한 율곡 선생은 어머니인 신사임당을 여의고 오랫동안 실의에 빠져 지내다가 건강이 아주 나빠졌다. 쉽게 회복되지 않는 그의 건강을 회복시켜 준 것이 '연근죽'이었다고 전해진다.

실제로 연근의 효능은 고서에도 기록되어 있다. "어혈을 풀고, 신선한 피를 생기게 하여 산후에 처방하면 효과를 크게 볼 수 있으며, 쇠해진 기력을 금세 회복시키며 꾸준히 섭취하면 몸이 거뜬해지고, 배고픔도 잊는다"고 소개되어 있다.

이처럼 연근은 먹거리뿐 아니라 귀중한 약재로도 사용되었다. 무엇보다 연근에 들어있는 녹말이 체내에 서서히 흡수되기 때문에 오랫동안 든든함을 유지할 수 있다는 장점이 있다.

연근을 얇게 자르면 가는 실처럼 끈끈하게 엉겨 있는 물질이 육안으로 확인된다. 이는 '뮤신'이란 물질로 세포의 주성분인 단백질의 소화를 촉진시켜 주는 역할과 함께 위벽을 보호해 주는 기능을 한다. 뮤신은 콜레스테롤 저하 작용과 해독 작용도 한다.

도토리 키재기?

도토리 속에 함유되어 있는 '아콘산'은 인체 내부의 중금속 및 여러 유해물질을 흡수, 배출시키는 정화효과가 있다(도토리 1g이 중금속 폐수 3.5ton을 정화).

도토리는 완전 무공해 식품으로 열량이 적으며(100g당 70kcal) 성인병과 비만에 아주 좋은 식품이다. 위와 장을 보호하며 설사를 멈추고 피를 맑게 한다.

《동의보감》에는 늘 배가 부글거리고 끓는 사람, 배변이 불규칙적이거나 식사를 끝내자마자 대변을 보는 사람, 소변을 자주 보는 사람, 몸이 자주 붓는 사람은 도토리묵 한 가지만 섭취해 쉽게 치료된다고 기록되어 있다.

수분 함량이 80%, 당류가 20%인 도토리묵을 먹으면 포만감은 있으나 칼로리가 적은 저열량 식품이기 때문에 적당량의 도토리 가루와 밀가루를 섞어 국수, 빵, 빈대떡, 스프 등을 만들어 먹으면 다이어트식으로 아주 좋다.

1인당 78kcal 도토리묵샐러드

재료 (2인분 기준) **도토리묵 1/2모(150g), 양파 1/4개, 방울토마토 6개, 베이비시금치 1줌(50g),**

들깨 소스: 들깨가루 1큰술, 식초 2큰술, 소금 1/2작은술, 올리고당 1큰술, 다진 마늘 1작은술, 검정깨 1작은술

1. 도토리묵을 두께 2cm로 썰어 원하는 모양틀로 찍는다.

2. 방울토마토는 반으로 자르고 양파는 얇게 썰어 찬물에 담가 매운맛을 뺀다.

3. 소스 재료를 모두 함께 섞는다.

4. 볼에 모든 재료와 소스를 넣고 버무려 접시에 담는다.

1인당 116kcal

마늘올리브샐러드

재료 (2인분 기준) 마늘 10쪽, 그린올리브 6개, 블랙올리브 6개, 방울토마토 10개, 올리브유 1큰술, 루꼴라샐러드 2줌(100g), 로즈마리유 1큰술, 소금·후추 약간

1. 오븐팬에 마늘, 블랙올리브와 그린올리브를 담고 올리브유를 뿌린 후, 140℃의 오븐에 30분간 굽는다.

2. 오븐팬에 반으로 자른 방울토마토를 놓고 소금, 후추, 올리브유를 뿌리고 100℃의 오븐에 1시간 굽는다.

3. 접시에 루꼴라샐러드를 깔고, 구워진 올리브, 마늘, 방울토마토를 보기 좋게 올린 후 로즈마리유를 뿌린다.

1인당 150 kcal 마가리타샐러드

재료 (2인분 기준): 후레쉬 모짜렐라치즈 1봉지(250g), 토마토 1개, 바질잎 3장, 바질 가루 약간

발사믹 드레싱: 발사믹식초 1큰술, 올리브유 2큰술

1. 모짜렐라치즈, 토마토는 0.5cm 두께로 얇게 썰어 놓는다.

2. 생바질잎은 채 썰어 놓는다.

3. 드레싱 재료를 넣고 함께 섞어 발사믹 드레싱을 만든다.

4. 접시에 토마토, 모짜렐라를 가지런히 놓고, 그 위에 바질가루와 생바질잎을 뿌린 뒤 발사믹 드레싱을 곁들여 낸다.

1인당 125kcal **가지샐러드**

재료 (2인분 기준) 가지 1개, 양파 1/4개, 샐러드 채소 2줌(100g), 에멘탈치즈 20g, 올리브유 1큰술

간장 소스: 간장 1큰술, 식초 1큰술, 물 1큰술, 매실청 1작은술, 깨소금 1작은술, 참기름 1작은술, 올리고당 1작은술

Recipe

1. 가지는 1cm 두께로 어슷 썰고 양파는 얇게 썰어 찬물에 담가 매운맛을 뺀다.

2. 채소는 깨끗이 씻은 후 물기를 빼고 가지와 비슷한 크기로 손으로 찢어 놓는다.

3. 에멘탈치즈는 얇게 썬다.

4. 소스 재료를 다 넣고 섞는다.

5. 그릴에 올리브유를 고루 바른 후, 그릴 자국이 남게 가지를 앞뒤로 노릇하게 굽는다.

6. 접시에 샐러드 채소, 양파를 담은 뒤 가지와 에멘탈치즈를 얹고 간장 소스를 뿌린다.

버섯은 최고의 다이어트 음식이지!

1인당 193 kcal

그릴모둠버섯샐러드

재료 (2인분 기준) 양송이버섯 4개, 새송이버섯 2개, 표고버섯 2개, 팽이버섯 1줌(50g), 샐러드 채소 2줌(100g), 방울토마토 10개, 에멘탈치즈 20g, 올리브유 2큰술, 소금, 후추 약간

Recipe

1. 버섯은 깨끗이 씻은 후 새송이버섯은 0.5cm 두께로 썰고, 표고버섯은 반으로 자른다.

2. 샐러드 채소는 물로 씻은 뒤 크게 뜯어 놓고 방울토마토는 반으로 잘라 놓는다.

3. 에멘탈치즈는 얇게 썬다.

4. 그릴에 올리브유를 고루 바르고, 그릴 자국이 남도록 버섯을 굽는다.

5. 버섯이 구워지면 식힌 뒤 버섯즙(구운 후 남은 즙)을 따로 담아 올리브유와 섞어 드레싱을 만든다.

6. 접시에 샐러드 채소, 버섯을 놓고 에멘탈치즈와 방울토마토를 얹은 뒤 버섯즙 드레싱을 뿌린다.

버섯의 효능

로마, 중국에서는 버섯을 신의 식품이라 극찬하며 불로장수 영약 중 하나로 여겼다. 버섯은 식이섬유가 풍부해 장의 독소를 빼 주어 효과적인 다이어트 식품이라 할 수 있다. 육류와 버섯을 같이 곁들이는 이유는 고기가 체내에 흡수될 때 버섯이 지방 흡수를 막아 주기 때문이다.

버섯은 칼로리가 거의 없는 식품이므로 해조류와 마찬가지로 많이 먹어도 살이 찌지 않는다. 게다가 버섯은 향기가 강해 여러 가지 양념을 적게 하고도 맛있게 먹을 수 있다. 이 독특한 감칠맛은 '구아닐산'에서 비롯된다. 또한 씹는 감촉이 있기 때문에 다이어트를 하면서 포만감을 느낄 수 있는 식품 중의 하나다. 버섯류에는 일반적으로 섬유소가 많이 들어 있어 변비를 예방하고 치료하는 데에도 탁월하며 비타민 B군이 많이 들어 있기 때문에 탄수화물과 지방의 대사를 활발하게 해 준다.

바다의 왕자 참치

　'바다의 귀족', '바다의 닭고기'라는 애칭을 가진 참치는 건강 식품으로 각광을 받고 있다. 단백질이 27.4%가량이나 들어 있어 돼지고기나 닭고기의 영양분보다 훨씬 높다. 반면에 지방은 6.6%밖에 들어 있지 않아 고단백 저열량 식품임을 알 수 있다. 참치는 기억력 향상, 학습능력 향상, 콜레스테롤 감소, 치매 예방 등에 뛰어난 효능이 있는 것으로 알려져 있다. 또한 뇌세포를 증식시킨다는 DHA가 풍부하다.

1인당 292 kcal

참치타다키샐러드

재료 (2인분 기준) 참치 600g, 아보카도 1/2개, 마늘 4쪽, 방울토마토 4개, 참기름 2큰술, 올리브유 2큰술, 소금, 후추 약간, 발사믹에센스 2큰술, 샐러드 채소 1줌(50g), 포도씨유 2컵(400ml)

Recipe

1. 냉동 참치를 연하게 소금을 푼 물에서 5분 정도 녹인다.

2. 키친타월로 참치의 물기를 빼고 소금, 후추로 간을 한 뒤 참기름을 골고루 바른다.

3. 마늘과 아보카도는 얇게 썰고 방울토마토는 반으로 잘라 놓는다.

4. 냄비에 포도씨유 2컵을 넣고 달군 뒤 슬라이스한 마늘이 갈색으로 튀겨지면 꺼내 키친타월로 기름을 뺀다.

5. 올리브유를 두른 프라이팬에 참치를 올려 겉면만 색이 나게 살짝 굽는다.

6. 접시 가운데 샐러드 채소를 놓고 참치를 약 1cm 두께로 잘라서 샐러드채소 주위에 살짝 겹쳐서 담는다. 마늘과 아보카도, 방울토마토를 놓고 발사믹에센스를 고루 뿌린다.

직접만든
리코타치즈로
샐러드를~

1인당 240 kcal

크랜베리리코타치즈 샐러드

재료 (2인분 기준) 건조 크랜베리 2큰술, 베이비그린샐러드 2줌(100g), 아몬드슬라이스 1큰술, 플레인요구르트 1개

리코타치즈: 리코타치즈 50g, 우유 5컵(1000ml), 생크림 2컵(400ml), 레몬즙 1/4컵(50ml), 소금 1작은술

리코타치즈 만들기

1. 냄비에 우유, 생크림, 소금을 넣고 저어준 뒤 중간불로 끓인다. 가장자리에 기포가 올라오면 약불로 줄인다.

2. 약불을 유지한 채, 소금, 레몬즙을 넣고 저어 준 뒤, 약 1시간 끓인다. 이후에는 절대 젓지 않는다.

3. 1시간 뒤 체에 면보를 깔고 끓인 ②를 부어 우유 덩어리를 거른다.

4. 면보에 물이 어느 정도 빠지면 묵직한 것을 올려놓아 유청을 더 거른다.

5. 하루 동안 냉장고에서 굳힌다.

1. 크랜베리는 물에 1시간 동안 불리고 베이비그린샐러드는 찬 물에 담갔다가 물기를 뺀다.

2. 리코타치즈를 숟가락 두 개를 이용하여 타원형으로 만든다.

3. 접시에 베이비그린샐러드를 올리고 리코타치즈, 크랜베리, 아몬드 슬라이스를 얹고 플레인요구르트를 뿌린다.

1인당 **197** kcal 과일동산샐러드

재료 (2인분 기준) **자몽 1/2개, 파인애플 1/4개, 방울토마토 5개, 체리 5개 등 제철 과일, 양상추 6장**

키위요구르트 소스: 플레인요구르트 1개, 꿀 1큰술, 키위 1개

1. 과일은 씻은 후 껍질을 벗기고 큰 주사위 모양으로 썰어 냉장고에 넣어 둔다.

2. 양상추는 손으로 잘게 뜯어 얼음물에 담가 놓는다.

3. 믹서에 키위, 플레인요구르트, 꿀을 넣고 간다.

4. 접시에 물기를 제거한 양상추를 깔고, 차가운 과일을 위에 올린 후 키위요구르트 소스를 뿌린다.

Part.3 뱃살 빠지는 한끼 식사, 밥과 국물 요리

체중을 줄이기 위해서 식사를 거르는 일은 해선 안 된다. 규칙적인 식사와 적절한 운동만이 건강하게 살을 빼는 길이다. 칼로리 걱정 없이 영양소를 골고루 가진 식사요리를 알아보자.

새싹비빔밥

1인당 350 kcal

재료 (2인분 기준): 다진 쇠고기 100g, 밥 2공기, 새싹 1줌(50g)

초고추장: 고추장 2큰술, 매실청 1작은술, 참기름 1작은술, 배즙 2작은술, 다진 마늘 1작은술, 깨소금 1작은술

쇠고기 양념: 간장 1큰술, 청주 1/2큰술, 다진 마늘 1작은술, 올리고당 1작은술, 참기름 1작은술, 후추 약간

1. 다진 쇠고기에 쇠고기 양념을 넣고 버무려 1시간 동안 냉장고에 넣어 둔다.

2. 초고추장 재료를 섞어 냉장고에서 1시간 정도 숙성시킨다.

3. 뜨거운 밥을 준비하고 새싹은 깨끗이 씻어 물기를 뺀다.

4. 양념된 쇠고기를 달궈진 프라이팬에 기름을 두르지 않고 볶는다.

5. 고슬고슬하게 지어진 밥을 그릇에 담고, 그 위에 새싹, 초고추장, 볶은 쇠고기를 얹는다.

1인당 **145** kcal

해물스프

재료 (2인분 기준) 모시조개 10개, 새우 4개, 홍합살 20g, 오징어 1/2마리, 양파 1/4개, 파 1/4대, 당근 1/4개, 토마토퓨레 1/2컵, 물 1리터, 화이트와인 1큰술, 레몬 1/4개, 올리브유 1큰술, 바질 3장, 방울토마토 4개, 마늘 1쪽, 소금, 후추 약간

Recipe

1. 양파, 당근, 파는 약 1cm 크기의 네모 모양으로 썰고 마늘은 잘게 다진다. 홍합살과 새우는 흐르는 물에 씻고 오징어는 먹기 좋은 크기로 자른다. 방울토마토는 끓는 물에 데쳐 껍질을 벗긴다.

2. 끓는 물에 레몬을 넣은 뒤 해물을 데쳐내고, 해물을 끓인 물은 면보에 걸러 육수로 준비한다.

3. 냄비에 올리브유를 두르고 마늘, 양파, 당근을 넣고 볶다가 토마토퓨레를 넣고 2분간 더 볶은 뒤 화이트와인을 넣어 알코올 성분을 증발시켜 준다.

4. ③에 ②에서 거른 해물육수를 2컵 붓고 불순물을 걷어가며 약 20분 정도 끓인 후, 소금, 후추로 간을 맞춘다.

5. 데쳐놓은 해물과 방울토마토를 넣고 약 1분간 끓인다.

6. ⑤를 그릇에 담은 후 위에 바질 썬 것을 올린다.

재료 (2인분 기준) 메밀 가루 1컵, 뜨거운 물 1/2컵, 멸치육수 4컵(물 4컵, 멸치 7개, 다시마 5x5cm 크기 1장), 감자 1개, 팽이버섯 1/2봉지, 애호박 1/4개, 양파 1/4개, 대파 1/2대, 다진 마늘 1큰술, 국간장 2큰술

1. 물 4컵에 멸치, 다시마를 넣고 20분간 끓여 멸치육수를 만든다.

2. 메밀가루에 뜨거운 물을 조금씩 부어가며 반죽한 뒤 비닐봉지에 담아 냉장고에 30분간 넣어 둔다.

3. 호박과 양파, 감자는 반달 모양으로 썰고 파는 어슷 썰고 마늘은 다진다.

4. 멸치육수에 다진 마늘을 넣고 끓인 후, 감자, 호박, 양파를 넣고 끓이다가 반죽을 꺼내 조금씩 떠 넣는다. 수제비가 끓어 동동 뜨면 대파, 팽이버섯을 넣는다.

5. 국간장으로 살짝 간을 한다.

메밀의 효능

《본초강목》에는 메밀에 대해 '정신을 맑게 하고 오장의 노폐물을 훑는다'라고 쓰고 있다. 또 메밀은 필수아미노산인 라이신 및 비타민 B1, B2를 다량 함유하고 있어 변비 예방과 다이어트에 효과가 있으며, 모세혈관을 강화하는 인자인 루틴을 함유하고 있어 동맥경화와 고혈압 예방 및 당뇨병 예방에도 효과가 있다.

메밀은 비타민 C가 풍부한 식품인 레몬, 오렌지 등을 함께 곁들여 섭취하면 많은 양의 콜라겐을 생성할 수 있다.

메밀은 성질이 차서 몸에 열이 많은 사람에게 그만이다. 위와 장을 튼튼하게 하고 몸 밖으로 노폐물을 내보내 피를 맑게 해 준다. 무와 함께 먹으면 무가 메밀의 독을 풀어 주어 체질에 맞지 않는 사람에게도 효과적이다.

탈모 예방에 좋은 블랙푸드 '검은 콩'

검은쌀 검은깨와 더불어 블랙푸드 신드롬을 일으켰던 삼형제 중 맏형은 단연 검은콩이다.

콩의 일종인 검은콩에는 기본적으로 콩의 우수한 영양소가 모두 들어있다. 단백질이 40%, 지방이 20%, 탄수화물 또한 20% 정도인 고단백 식품으로 에너지를 공급해 줄 뿐만 아니라 식이섬유와 칼슘, 인, 철, 나트륨, 칼륨, 아연 등의 무기질이 풍부하다. 비타민 B1, B2, B6, E, 나이아신, 엽산 등도 많이 들어 있다.

검은콩이 탈모에 좋은 이유?
검은콩에 들어있는 비타민 E나 불포화지방산은 혈관을 확장시켜 혈액순환을 원활하게 해 주고 두피에 필요한 영양 성분을 공급하여 탈모를 막는 것과 동시에 발모를 촉진하는 기능을 한다. 또한 콩에는 플라보노이드 계의 검은 색소 성분인 이소플라본이 있는데 이는 여성호르몬이나 남성호르몬의 분비를 조절한다. 남성의 경우 남성 호르몬인 안드로겐의 과다분비로 생기는 탈모를 방지하는데 도움을 준다.

재료 (2인분 기준) 삶은 검은콩 1컵, 잣 1큰술, 불린 쌀 1/2컵, 물 3컵, 참기름 1작은술, 소금 약간

Recipe

1. 삶은 검은콩과 불린 쌀, 잣을 준비한다.

2. 불린 쌀과 물 2컵을 믹서에 넣고 갈아 체에 거른다. 거른 물은 버리지 말고 담아 둔다.

3. 삶은 검은콩, 잣, 물 1컵을 믹서에 넣고 곱게 갈아 검은콩 물을 만든다.

4. 갈아놓은 쌀을 참기름을 두른 냄비에 살짝 익도록 볶은 후, 담아둔 거른 물을 넣고 되게 끓인다.

5. 쌀이 퍼지게 익으면, 갈아 놓은 검은콩 물을 넣고 더 끓인 후, 소금으로 간을 맞춘다.

재료 (2인분 기준) 멥쌀 1/2컵, 찹쌀 1/2컵, 흑미 1/5컵, 물 1컵, 인삼 1뿌리, 대추 3개, 밤 5개, 은행 10알, 잣 1큰술, 소금 1작은술, 호박잎 10장, 홍고추 1개, 참기름 약간

강된장: 해물육수 2/3컵, 표고버섯 2개, 애호박 1/4개, 청양고추 1개, 홍고추 1개, 양파 1/3개, 된장 2큰술, 고추장 1/2큰술, 올리고당 1큰술, 고춧가루 1/2큰술, 참기름 1작은술, 고추기름 1큰술, 통깨 약간

Recipe

1. 밤과 은행은 껍질을 벗기고 인삼은 1cm 두께로 잘라 준비한다.

2. 강된장에 들어갈 양파, 애호박, 표고버섯, 청양고추, 홍고추는 작은 네모 모양으로 썰고 마늘은 다져 놓는다.

3. 멥쌀, 찹쌀, 흑미는 깨끗이 씻어 30분간 불린 후 준비한 밤, 은행, 인삼, 잣, 대추, 참기름, 소금을 넣고 밥을 짓는다.

4. 호박잎은 깨끗이 씻어 두꺼운 줄기를 제거한 뒤 소금을 조금 넣은 물에 데친 후 찬물에 헹군 뒤 물기를 꼭 짠다.

5. 냄비에 고추기름을 두르고 양파를 볶다가 나머지 강된장 재료를 모두 넣어 국물이 자작해질 때까지 끓인다.

6. 호박잎을 펴서 영양밥을 한 숟갈 놓고 돌돌 만 뒤 강된장과 함께 곁들여 낸다.

1인당 302 kcal

호박생강스프

재료 (2인분 기준) 단호박 1/2통, 생강 1쪽, 양파 1/2개, 올리브유 1큰술, 화이트와인 2큰술, 우유 1컵, 닭육수 2컵, 소금, 후추 약간

1. 단호박은 껍질과 씨를 제거한 뒤 쪄서 으깨고 양파와 생강은 얇게 썰어 준비한다.

2. 냄비에 올리브유를 두르고, 중불에서 양파와 생강을 볶다가 양파 색이 투명해지면 화이트와인을 조금씩 넣으며 증발시킨다.

3. 믹서기에 으깬 단호박, 볶은 양파, 생강, 닭육수를 넣고 간다.

4. 냄비에 ③을 넣고 약불에서 뭉근히 끓이며 우유로 농도를 맞춘 후 소금, 후추로 간한다.

1인당 **380** kcal

바지락쌀국수스프

재료 (2인분 기준) 쌀국수 160g, 바지락 2컵, 애호박 1/2개, 표고버섯 2개, 양파 1/2개, 청·홍고추 각 1개, 포도씨유 1큰술, 소금 2작은술

멸치육수: 멸치 3개, 다시마 5X5cm 1장, 무 100g, 대파 1/2대, 물 5컵

Recipe

1. 바지락은 소금물에 담가 1시간 이상 충분히 해감하고 쌀국수는 미지근한 물에 약 30분 정도 불린다.

2. 호박, 양파, 표고버섯은 0.5cm 두께로 썰고 청·홍고추는 어슷썰기한다.

3. 멸치, 다시마, 무, 대파를 물에 넣고 은근하게 약 15분 정도 끓여서 면보에 걸러 멸치육수를 만든다.

4. 프라이팬에 기름을 두르고, 준비한 호박, 양파, 버섯을 따로 중불에 살짝 볶는다.

5. 멸치육수를 끓이다가 바지락을 넣는다.

6. 바지락의 입이 벌어지면 볶은 채소와 쌀국수를 넣고 약 2~3분간 끓인 뒤 소금 간한다. 그릇에 담은 뒤 청·홍고추를 얹어 낸다.

간의 손상을 막는 바지락

바지락에 들어 있는 풍부한 단백질이 간 기능을 강화시켜 주는데, 이런 다양한 성분 중 우리가 특히 주목해야 하는 성분이 바로 '베타인' 과 '타우린' 이다. 베타인은 간에 지방 축적을 막아 주어 지방간을 막는데 좋은 성분이고 타우린은 알콜로 인한 지방간 환자들에게 좋은 성분으로, 숙취와 간의 해독 기능을 촉진시켜 과음으로 인한 간의 지방 축적을 예방해 준다.

바지락을 가장 흔하게 먹는 방법이 바로 국물로 먹는 것인데 물론 국물 안에 다양한 아미노산 성분들이 포함되어 있지만 더 좋은 것은 바지락 조개살까지 함께 먹는 것이다. 살까지 함께 먹어야만 풍부한 단백질 성분과 지방간을 막는데 좋은 성분들까지 고루 섭취할 수 있다.

피로야 가라~! 피로회복에 좋은 매실

스트레스와 만성피로에 시달리는 현대인은 매실을 꾸준히 복용할 필요가 있다. 매실의 유기산은 신진대사를 활발하게 하고 피로회복에 효과가 있다. 특히 스트레스로 인한 칼슘의 소모에 칼슘이 풍부한 매실이 좋다. 특히 매실에 많이 들어 있는 구연산과 사과산은 칼슘 흡수를 돕는 역할을 하기 때문에 현대인에게는 안성맞춤이라 할 수 있다. 또 매실은 간기능을 회복시키고 해독 작용을 하여 숙취 해소에도 도움을 준다. 간기능의 회복은 곧 피로회복을 말한다.

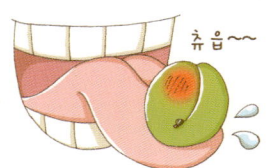

무엇보다 매실의 가장 큰 장점은 위장 운동을 돕는다는 것이다. 매실의 신맛이 소화액을 촉진시켜 소화불량을 해소하고 위장장애를 치료한다. 또 매실은 과다 분비되는 위산을 조절하며 과식이나 배탈에도 효과가 있다.
식사 후 매실차나 매실즙으로 속을 달래는 이유도 여기에 있다.

또한 매실에 풍부한 칼슘은 여성에게 매우 좋다. 여성에게 칼슘이 부족하면 빈혈이나, 생리불순, 골다공증이 올 수 있는데 매실을 꾸준히 복용하면 이를 막을 수 있다. 특히 칼슘이 절실히 필요한 임산부에게도 좋은 식품이다.
게다가 장의 연동 운동을 도와 변비를 해소하고, 매실 속 비타민은 피부미용에도 효과가 있다.

좋은 매실을 고르기 위해서는 색이 뚜렷하고 알이 고른 것을 고르는 것이 좋다. 너무 무르지 않고 단단한 것이 좋은 매실이다.

매실주먹밥

1인당 145 kcal

재료 (2인분 기준) 밥 2공기, 우메보시(절인 매실) 6알, 당근 1/4개, 오이 1/4개, 파프리카 1/4개, 검은깨 1큰술, 참기름 1큰술, 소금 1작은술, 포도씨유 1큰술, 깻잎 6장

1. 오이, 당근, 파프리카는 잘게 썬다. 오이는 소금에 절인 후, 꼭 짜서 물기를 제거한다.
2. 당근은 포도씨유를 두른 팬에 볶는다.
3. 밥에 당근, 오이, 파프리카, 참기름, 검은깨, 소금을 넣고 잘 섞는다.

4. 먹기 좋은 크기로 꾹꾹 눌러 동그랗게 만든 뒤 가운데를 움푹하게 눌러준다.
5. 가운데에 절인 매실을 하나 박는다. 접시에 깻잎을 깔고 주먹밥을 올린다.

새우다시마롤밥

1인당 240 kcal

재료 (2인분 기준) 현미밥 2공기, 염장 다시마 1장, 소금 1작은술, 참기름 1작은술, 검정깨 1작은술, 부추 약간

볶은 새우고추장: 새우살 10마리, 고추장 2큰술, 마늘 1쪽, 참기름 1작은술, 메실청 1큰술, 포도씨유 1큰술, 청주 1큰술

1. 염장 다시마는 찬물에 담가 여러 번 씻어 짠맛을 없애고 물기를 뺀 후 길이 15cm, 폭 3~4cm 정도로 자른다.

2. 새우는 물에 깨끗이 씻어 끓는 물에 1분간 데쳐서 익힌 후 잘게 썰고, 마늘은 다지고, 부추는 2cm 길이로 잘라 놓는다.

3. 냄비에 포도씨유를 두르고 약불에 마늘을 먼저 볶은 후 고추장, 새우살, 참기름, 메실청, 청주를 넣고 볶는다.

4. 현미밥에 소금, 참기름, 검정깨를 넣고 잘 비빈다.

5. 준비된 다시마에 밥을 조그맣게 뭉쳐 놓고 돌돌 만다.

6. 다시마롤밥 위에 볶은 새우고추장과 잘게 썬 부추로 장식한다.

다이어트에 좋고 맛도 좋은 김초밥~

1인당 **171** kcal

다이어트 김초밥

재료 (2인분 기준) 현미밥 2공기, 단무지 70g, 파프리카 홍·청·황색 각 1/2개, 오이 1/2개, 무순 약간, 김 2장, 날치알 2큰술, 오렌지주스 1컵

단촛물: 레몬즙 1큰술, 설탕 2작은술, 식초 1큰술, 소금 1작은술

1. 레몬즙, 설탕, 식초, 소금을 섞어서 단촛물을 만든다.
2. 현미밥을 고슬고슬하게 지은 후, 단촛물을 넣어 고루 비벼 잠시 식힌다.
3. 김은 사각형 모양으로 4등분하여 자르고 파프리카, 오이, 단무지는 채썰기한다.

4. 날치알은 비린내를 없애기 위해 오렌지주스에 30분 담근 후 체에 받쳐 물기를 뺀다.
5. 김에 현미밥을 얇게 깔고 재료를 넣어 고깔 모양으로 말고 밥 위에 날치알을 얹는다.

1인당 **277** kcal

청경채버섯두부탕

재료 (2인분 기준) 청경채 2포기, 두부 1/2모, 백일송이버섯 1/3팩(80g), 홍고추 1/2개, 된장 2큰술, 양파 1/2개, 마늘 2쪽, 소금 1/2작은술, 닭육수 4컵

1. 청경채는 한 잎씩 떼거나 큰 잎은 반으로 가르고 두부는 4x4cm 크기로 썬다. 백일송이버섯은 밑동을 자르고 가닥을 나눈다. 붉은 고추는 어슷하게 썰고, 양파는 채 썰고 마늘은 다진다.

2. 냄비에 닭육수를 붓고 된장을 풀고 다진 마늘을 넣어 끓인다.

3. 국물이 끓으면 양파와 홍고추를 넣는다.

4. 국물이 다시 끓어오르면 백일송이버섯과 두부, 청경채를 넣어 한 번 더 끓여 낸다.

시금치된장리조또

재료 (2인분 기준) 납작보리 1컵, 파마산치즈 2큰술, 양파 1/4개, 마늘 2쪽, 시금치 1/2단, 채소육수 2컵, 된장 2큰술, 화이트와인 1큰술, 올리브유 2큰술, 소금, 후추 약간

1. 양파와 마늘은 다지고 시금치는 다듬어 끓는 소금물에 살짝 데쳐 재빨리 찬물에 넣어 식힌 후 물기를 뺀다.

2. 채소육수에 된장을 풀어 된장육수를 만든다.

3. 팬에 올리브유를 두르고 마늘, 양파를 볶다가 납작보리를 넣어 볶은 뒤 화이트와인을 넣고 센 불에서 저으며 볶는다.

4. ③에 된장채소육수를 보리가 잠기도록 붓고 저어가며 끓인다. 육수가 쌀알에 다 흡수되면 육수를 한 국자씩 더 넣고 저어가며 익히기를 약 20분 정도 반복한다.

5. 국물이 조금 남았을 때 시금치와 파마산 치즈 가루를 넣고 잘 젓고, 소금, 후추로 간한 뒤 파마산치즈 가루를 뿌린다.

뽀빠이처럼 튼튼해지는 시금치

시금치에는 우리의 머리를 좋게 하는 엽산이란 성분이 있다. 이는 뇌의 나쁜 독성분을 맑게 해주는 역할을 한다. 그래서 노인분들이 먹으면 치매를 예방하는 효과를 얻을 수 있고 어린아이들은 머리가 좋아지는 효과가 있다.

시금치에는 비타민 종류가 골고루 많이 들어 있는데, 비타민 A는 채소 중에서 가장 많다. 비타민은 약으로 공급하는 것보다는 식품으로 섭취하는 것이 현명하다. 시금치는 칼슘과 철분 그리고 요오드 등이 많아서 발육기의 어린이는 물론 임산부에게 좋은 알카리성 식품이다. 또 섬유질로 이루어져 있어서 대장에도 좋다.

권장량은 하루 200g 정도이며, 시금치는 날것으로 먹는 것보다 데쳐서 먹는 것이 더 좋다.

데칠 때에는 살짝 데쳐야 엽산 성분이 날라가지 않는다. 사람들이 시금치를 많이 먹으면 담석이 생긴다는 오해를 하는데 물론 시금치를 많이 먹으면 담석이 생길 수도 있지만 그것은 시금치를 날 것으로 라면 1박스 분량을 먹었을 때 일이다.

대한민국 대표 음식 김치

대표 발효 음식인 김치가 항암 효과가 있다는 것은 이미 많이 알려진 사실이다.

김치의 주재료로 이용되는 배추 등의 채소는 대장암을 예방해 주고, 김치의 재료로 꼭 들어가는 마늘은 위암을 예방해 준다. 또한 김치는 베타카로틴의 함량이 비교적 높기 때문에 폐암도 예방할 수 있으며, 고추의 매운 성분은 폐 표면에 붙어 있는 니코틴을 제거해 준다.

그리고 김치는 비타민 덩어리라고 할 수 있다. 김치는 발효 식품인데, 발효 과정을 거치면서 처음 비타민량보다 최소 2배까지 증가한다.

또한 김치는 채소가 주인 저 칼로리 식품으로 식이섬유를 많이 함유하고 있으며 장의 활동을 활성화하여 체내의 당류나 콜레스테롤 수치를 낮추므로 당뇨병, 심장질환, 비만 등 성인병 예방 및 치료에 도움을 준다.

김치는 채소류의 즙과 식염 등의 복합 작용으로 장내를 깨끗하게 한다. 위장 내의 단백질 분해 효소인 펙틴의 분비를 촉진시키며, 소화·흡수작용을 도우며 장내 미생물 분포를 정상화시켜 소화작용을 돕는다.

1인당 **121** kcal

김치스시

재료 (2인분 기준) **신김치 4줄기, 밥 2공기, 김 1장, 와사비, 참기름, 무순 약간**

단촛물: 레몬즙 1큰술, 설탕 2작은술, 식초 1큰술, 소금 1작은술

1. 단촛물의 재료를 모두 섞어 놓는다.

2. 무순은 씻어 놓고, 김은 1cm 너비로 길게 잘라 놓는다.

3. 김치를 물에 헹구고 밥에 올릴 적당한 크기로 자른 뒤 참기름을 두른 프라이팬에 살짝 굽는다.

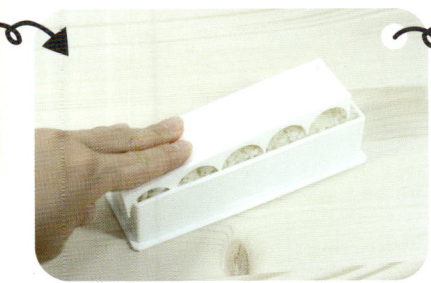

4. 따뜻한 밥에 단촛물을 넣고 섞은 뒤 초밥틀로 밥모양을 만든다.

5. 초밥에 와사비, 김치, 무순을 올리고, 김으로 띠를 두른 후 접시에 담아 낸다.

1인당 **321** kcal

보리알채소스프

재료 (2인분 기준) 보리 1컵, 닭육수 5컵, 양파 1/2개, 당근 1/4개, 샐러리 1/2대, 베이컨 3장, 화이트와인 1큰술, 올리브유 2큰술, 소금, 후추, 파슬리 약간

Recipe

1. 보리는 깨끗이 씻어 하루 정도 불린다.

2. 베이컨, 샐러리, 당근, 양파는 작은 네모 모양으로 잘게 썰어 준비한다.

3. 프라이팬에 베이컨을 볶아서 기름을 뺀다.

4. 베이컨을 볶은 팬에 양파, 당근, 샐러리를 볶다가 불린 보리를 넣고 화이트와인을 넣어 증발시키며 볶는다.

5. 베이컨과 닭육수를 넣고 약 30분간 끓인다. 중간에 닭육수를 넣어 원하는 농도로 맞춘다.

6. 보리가 익으면 소금과 후추로 간을 맞추고 파슬리를 얹는다.

빵보다 밥!!

1인당 **350** kcal

라이스부르스케타

재료 (2인분 기준): 찬밥 2공기, 쇠고기(불고기감) 300g, 표고버섯 1개, 양파 1/2개, 피망 1/2개, 새송이버섯 2개, 배 1/4개, 청주 2큰술, 포도씨유 1큰술, 소금 1작은술, 깻잎 6장, 참기름, 실고추 약간

불고기 양념: 간장 3큰술, 설탕 1큰술, 매실액 2작은술, 다진 파 1큰술, 다진 마늘 1큰술, 후추, 참기름, 깨소금 약간

1. 쇠고기에 배, 양파 간 것과 청주를 함께 넣고 1시간 정도 숙성시킨다.
2. 양파, 새송이버섯, 표고버섯은 얇게 썰고 피망은 채 썬다.
3. 불고기 양념 재료를 섞어서 쇠고기와 표고버섯을 함께 넣어 2시간 이상 재워둔다.

4. 밥에 참기름, 소금을 넣고 잘 비벼 주고 원형 무스틀에 밥을 1cm 두께로 눌러 담아 동그란 모양으로 만들어 200℃의 오븐에서 15분간 굽는다.
5. 포도씨유를 두른 프라이팬에 양파와 새송이버섯을 노릇하게 볶고 재워둔 불고기를 센불의 프라이팬에 볶는다.
6. 깻잎을 깔고 밥-양파-새송이버섯-피망-불고기 순으로 쌓은 뒤 실고추로 장식한다.

인삼버섯스프

1인당 130 kcal

재료 (2인분 기준) 양송이버섯 20개, 양파 1/2개, 닭육수 2컵, 우유 1컵, 생크림 2큰술, 마늘 1쪽, 올리브유 1큰술

인삼토핑: 인삼 1뿌리, 생크림 1/2컵, 파슬리 가루 약간

1. 양송이버섯, 양파는 얇게 썰고 마늘은 잘게 다진다. 인삼과 파슬리도 깨끗이 씻어 잘게 다진다.

2. 올리브유를 두른 프라이팬에 마늘과 양파를 볶다가 양송이버섯을 넣어 5분 정도 볶는다.

3. ②에 닭육수와 우유, 생크림을 넣고 15분간 끓인 뒤 믹서기에 넣고 간다.

4. 토핑 재료인 생크림을 거품기로 거품을 낸 뒤 인삼과 파슬리 가루를 넣고 섞는다.

5. 스프를 그릇에 담고 생크림을 한 숟갈 얹고 인삼, 파슬리 가루를 살짝 뿌린다.

1인당 **280** kcal

그린리조또

재료 (2인분 기준) 쌀 1/2컵, 율무 1/2컵, 브로콜리 1/2송이, 아스파라거스 4대, 새우살 20g, 양파 1/2개, 닭육수 5컵, 마늘 1쪽, 우유 1컵, 생크림 2큰술, 화이트와인 1큰술, 올리브유 2큰술, 소금, 후추 약간

1. 브로콜리와 아스파라거스는 소금물에 데쳐서 찬물에 식혀 놓는다.

2. 데친 새우살은 작게 썰고, 아스파라거스는 3cm 크기로, 브로콜리는 작은 송이로 자른다. 양파, 마늘은 잘게 다져 놓는다.

3. 냄비에 올리브유를 두르고 마늘과 양파를 넣고 볶다가 새우살을 넣고 볶다가 화이트와인을 넣어 날려주며 볶는다. 불린 쌀과 율무를 넣어 2분간 더 볶는다.

4. 볶아진 쌀에 닭육수를 조금씩 넣으면서 계속 저으며 졸인다. 쌀이 육수를 흡수하면 준비한 우유와 생크림을 넣어 20분가량 졸인다.

5. 국물이 거의 없어지면, 소금과 후추로 간을 한다.

6. 데친 아스파라거스와 브로콜리를 넣고 잘 섞어준 뒤 파슬리 가루를 뿌려 낸다.

Part.4 특별한 음식이 생각날 때 별미 요리

다이어트를 하는 중에는 외식을 꺼리게 된다.
이럴 때는 집에서 만든 별미 요리로 기분을 내보자.
친구들과 함께 또는 특별한 날 먹을 수 있는 각종 요리들이
외식 못지 않은 즐거움을 선사할 것이다.

버섯두부탕수육

재료 (2인분 기준) 두부 1/2모, 표고버섯 4개, 피망 1/2개, 양파 1/4개, 파프리카 1/2개, 오이 1/4개, 당근 1/4개, 녹말가루 4큰술, 소금 1작은술, 포도씨유 3컵

탕수육 소스: 물 2/3컵, 식초 5큰술, 간장 2큰술, 올리고당 3큰술, 토마토케첩 2큰술, 녹말물(녹말가루 4큰술, 물 2큰술)

1. 두부는 2cm 크기의 주사위 모양으로 썰어 소금으로 밑간 하고 키친타월로 수분을 제거한다.

2. 표고버섯은 4등분, 피망, 파프리카, 양파는 사각썰기하고 당근, 오이는 얇게 썬다.

3. 손질한 채소와 탕수육 소스 재료를 한꺼번에 넣고 끓인다. 채소가 어느 정도 익으면 녹말물을 조금씩 넣어가며 농도를 조절한다.

4. 비닐팩에 녹말가루, 두부, 표고버섯을 넣고 흔들어 골고루 묻힌다.

5. 포도씨유에 녹말가루를 입힌 두부와 표고버섯을 살짝 튀긴 후, 한번 더 튀겨 바삭하게 만든다.

6. 두부와 버섯 튀김에 소스를 부어 접시에 담는다.

밭에서 나는 고기, 콩

콩은 밭에서 나는 고기라고 할 만큼 단백질과 지질이 풍부하다. 콩의 단백질은 우유나 달걀 단백질의 85~95%에 달하여 육류나 치즈의 대용품으로 손색이 없다.

콩으로 만든 것 중 응고제로 칼슘을 넣어 만드는 두부는 소화흡수율이 95% 이상이며 먹기도 쉽다.

두부 반 모에는 우유 한 잔보다도 많은 칼슘이 들어 있으며, 칼륨 등의 무기질이 풍부하게 들어 있어 성장기 어린이 및 환자의 영양식으로 훌륭하다.

칼로리가 낮고 포만감을 주며 배변을 좋게 하여 다이어트하는 여성에게 좋으며, 식물성 에스트로겐의 일종인 이소플라본이 들어 있어 에스트로겐이 부족할 때는 에스트로겐 효과를 더하고 많을 때에는 항에스트로겐 역할을 한다. 그래서 갱년기 장애는 물론이고 호르몬의 영향을 받는 유방암, 난소암 등의 발병 억제에 탁월하다.

한의학에서 두부는 청열해독, 진액생성, 기운을 돕는 작용을 하여 당뇨로 인한 갈증, 이질, 눈이 붓고 아플 때 좋은 것으로 알려져 있다.

똑같은 모양의 피망과 파프리카

파프리카는 일반 피망보다 2.5배 무겁고 매운맛이 없으며, 모양은 피망과 비슷하지만 색깔이 훨씬 곱고 선명하며 피망과는 달리 생식하여도 비린 맛이 없고 달짝지근해 생으로 여러 요리에 사용할 수 있다.

또한 샐러드용으로 조리하기 편하고 수분 함량(약 90%)이 높아 운동 후 갈증 해소에 탁월한 효과가 있으며 당도가 토마토보다 높아 무더운 여름을 이기는 데 수박과 함께 더할 나위 없이 좋은 식품으로 평가되고 있다.

파프리카는 다른 채소에 비해 각종 비타민이 풍부하여 공해에 찌든 현대인에게 충분한 비타민 공급원이 되며 피부노화를 억제할 뿐만 아니라 눈에 필요한 충분한 비타민을 공급해 스트레스에 시달리는 직장인과 성장기 어린이에게 좋은 채소이다.

특히 암을 예방하고 억제하는 효능을 지닌 베타카로틴이 다량 함유돼 있어 주스나 녹즙 등으로 많이 애용되는 등 웰빙 시대 건강 식품으로 각광받고 있다.

파프리카버섯만두

재료 (2인분 기준) 파프리카 2개, 양송이버섯 20개, 백일송이버섯 1/2팩(80g), 양파 1/4개, 마늘 2쪽, 화이트와인 1큰술, 밀가루 2큰술, 생크림 2큰술, 올리브유 2큰술, 소금, 후추, 파슬리 약간

1. 파프리카는 4등분한 뒤 씨를 뺀다.

2. 양파와 마늘은 잘게 썰고 양송이버섯은 얇게 썬다. 백일송이버섯은 가닥가닥 찢는다.

3. 올리브유를 두른 프라이팬에 파프리카를 넣고 겉면이 갈색이 나도록 잘 볶는다.

4. 프라이팬에 양파와 마늘을 볶다가 버섯과 밀가루를 넣고 볶는다. 이어서 화이트와인을 넣고 밀가루가 눌어붙지 않게 잘 젓는다.

5. 생크림을 넣어 약한 불로 끓이고, 소금과 후추로 간한다.

6. 익힌 파프리카 속에 ⑤를 채운 뒤 다진 파슬리를 곁들여 낸다.

재료 (2인분 기준) 오징어 2마리, 배추김치 2줄기, 표고버섯 2개, 시금치 50g, 계란 1개, 소금 약간, 올리브유 2큰술, 샐러드 채소 약간, 발사믹식초 1큰술

1. 계란은 소금을 넣어 잘 풀어 프라이팬에 지단을 부친다.

2. 시금치는 다듬어서 소금물에 데친 후 물기를 꼭 짜고, 표고버섯은 얇게 채썬 후 올리브유를 두른 팬에 볶는다. 김치는 오징어 크기로 썰어 놓는다.

3. 오징어는 손질해서 십자로 칼집을 낸 후 데친다.

4. 익힌 오징어 위에 김치를 깔고 표고버섯, 계란, 시금치를 넣고 김밥 말듯이 만다.

5. 고정이 되게 잠시 두었다가 1cm 두께로 썬다. 샐러드 채소를 곁들여 발사믹식초를 뿌려낸다.

허브돈까스 오븐구이

1인당 330 kcal

재료 돼지고기등심(돈까스용) 400g, 청주 1큰술, 허브 가루 각 1큰술(바질, 파슬리, 오레가노), 사과 1/2개, 밀가루 1컵, 빵가루 1컵, 계란 1개, 올리브유 2큰술, 돈까스 소스 4큰술, 소금, 후추 약간, 양배추 1줌(50g), 방울토마토 6개, 옥수수 통조림 2큰술, 파인애플 2조각, 토마토케첩 2큰술

Recipe

1. 돼지고기등심에 소금, 후추, 청주를 뿌려 간을 한 뒤 간 사과를 넣어 1시간 정도 잘 재워 둔다.

2. 빵가루에 허브 가루를 넣어서 골고루 섞는다.

3. 양배추는 씻어 채 썰고, 파인애플과 방울토마토는 적당한 크기로 썰어 둔다.

4. 재료를 돼지고기에 밀가루-계란-빵가루 순으로 묻힌다.

5. ④의 돼지고기에 브러쉬로 올리브유를 골고루 바르고 180℃로 예열시킨 오븐에서 20분간 굽는다.

6. 준비한 양배추, 방울토마토, 파인애플, 옥수수를 함께 곁들여 돈까스 소스를 뿌린다.

왕새우구이 — 1인당 395 kcal

재료 (2인분 기준) 왕새우 4마리, 감자 1개, 브로콜리 1송이, 방울토마토 8개, 올리브유 2큰술, 소금, 후추 약간

올리브유 소스: 올리브유 1/4컵, 다진 마늘 3큰술, 생강즙 2큰술, 바질 가루 1작은술

칠리 소스: 양파 1/4개, 마늘 1쪽, 홍고추 1개, 올리브유 1큰술, 토마토케첩 1/3컵, 올리고당 2큰술, 레몬즙 1큰술, 핫소스 2큰술

Recipe

1. 새우는 손질해 소금, 후추를 뿌려 간을 하고 올리브유, 다진 마늘, 생강즙, 바질 가루를 넣고 섞은 올리브유 소스에 재워 냉장고에 3시간 정도 넣어 둔다.

2. 칠리 소스의 재료인 양파와 마늘, 홍고추는 잘게 다진다. 감자는 깍둑썰기하여 전분을 제거하기 위해 찬물에 30분간 담궈 놓은 후 물기를 뺀다. 브로콜리는 한입 크기로 자르고 방울토마토는 십자로 칼집을 낸다.

3. 올리브유를 두른 냄비에 다진 양파, 마늘, 홍고추를 넣어 볶다가 토마토케첩, 설탕, 레몬즙, 핫소스를 넣고 걸쭉하게 끓여 칠리 소스를 만든다.

4. 프라이팬에 올리브유를 두르고 물기 뺀 감자에 소금, 후추 간을 하여 30%가량 익을 정도로 볶아낸다. 볶은 감자는 오븐에서 170℃ 온도로 15분간 굽는다.

5. 소금물에 브로콜리와 방울토마토를 데쳐 찬물에 헹군다. 방울토마토는 껍질을 제거한다. 올리브유를 두른 프라이팬에 브로콜리와 방울토마토를 소금, 후추로 간하며 볶는다.

6. 절여둔 새우를 중불에서 양쪽 면이 노릇하도록 굽는다.

데리야끼전복찜

1인당 264 kcal

재료 (2인분 기준) **전복 4마리, 청·홍고추 각 1개, 밤 5개, 은행 10개**

데리야끼 소스: 양파 1/2개, 마늘 3쪽, 진간장 1큰술, 전복육수 1/2컵, 청주 1큰술, 올리고당 2큰술

1. 밤은 껍질을 벗기고, 은행은 프라이팬에 살짝 볶아 손으로 비벼 껍질을 제거한다.
2. 전복은 껍질을 분리해 내장을 제거하고 가로 세로 칼집을 내어 물에 5분가량 데친다. 데친 전복육수는 버리지 말고 두었다가 데리야끼 소스에 사용한다.
3. 양파와 마늘은 반으로 큼직하게 자르고 청·홍고추는 씨를 제거하고 잘게 다진다.

4. 양파, 마늘, 진간장, 전복육수, 청주, 올리고당을 넣고 끓여 데리야끼 소스를 만든다.
5. 소스가 끓기 시작하면 데쳐 놓은 전복과 밤에 소스를 끼얹어 가며 15분 정도 끓인다.
6. 은행을 넣고 5분 더 조린다. 완성된 전복을 껍질에 담아 접시에 놓고 위에 고추를 뿌려서 장식한다.

전복의 효능

전복은 단백질과 비타민이 풍부하여, 예부터 고급 수산물로 취급되었는데 피부미용, 자양강장, 산후조리, 허약체질 개선 등에 탁월한 효능이 있어 식용뿐만 아니라 약용을 목적으로 먹는 경우도 많았다. 일반적으로 조개류는 피로해진 신경을 회복시키는 작용이 있는데 그 중에서도 특히 전복은 시신경의 피로에 뛰어난 효능을 발휘한다. 머리가 아프거나 귀가 울리며 혀와 목이 마르는 증세가 있을 때 전복을 먹으면 신기하게 낫기 때문에 간의 힘을 키워 준다고도 알려져 있기도 하다. 또 비타민, 칼슘, 인 등의 미네랄이 풍부하여 옛날부터 산모의 젖이 나오지 않을 때 전복을 고아 먹이면 큰 효과를 보았다고 한다.

흰머리가 검은 머리로

검은깨의 가장 큰 효능은 머리카락이 많이 빠지는 것을 막아 주는 것이다. 검은깨의 단백질은 머리카락의 주 성분인 케라틴의 원료로 혈중 콜레스테롤 수치를 떨어뜨려 준다. 또한 검은깨 속에 들어 있는 레시틴 성분은 뇌를 이루는 성분으로 신경을 많이 쓰거나 스트레스를 많이 받는 사람에게 큰 도움이 된다. 검은깨를 볶아서 갈아 꾸준히 복용하면 모발이 튼튼해지고 검은머리가 나는 효과를 볼 수 있다. 오늘은 별미로 검은깨를 이용한 크림파스타를 만들어 보는 것은 어떨까?

검은깨두부 크림스파게티

재료 (2인분 기준) 오징어먹물 스파게티면 100g, 두부 1/2모, 검은깨 3큰술, 우유 4큰술, 생크림 2큰술, 양송이버섯 4개, 양파 1/4개, 마늘 2쪽, 올리브유 2큰술, 화이트와인 1큰술, 소금, 후추 약간, 바질잎 2장

 Recipe

1. 우유와 두부, 검은깨를 믹서에 넣고 간다.

2. 양송이버섯은 얇게 썰고 양파와 마늘은 잘게 다진다.

3. 스파게티면을 끓는 물에 7분 정도 삶은 뒤 올리브유를 두르고 식힌다.

4. 올리브유를 두른 프라이팬에 마늘과 양파가 노릇해질 때까지 살짝 볶는다.

5. ④에 버섯을 넣고 볶다가 화이트와인을 넣고 증발시킨다.

6. ⑤에 삶은 스파게티 면을 넣고 1분 정도 볶다가 ①을 넣고 걸쭉해질 때까지 끓인 후 바질잎을 얹어서 낸다.

와인소스보쌈

1인당 408 kcal

재료 (2인분 기준) **통삼겹살(보쌈용)** 500g, 마늘 2쪽, 통후추 10알, 청주 2큰술, 월계수잎 4장, 양파 1/2개

와인허브 소스: 레드와인 1컵, 간장 5큰술, 청주 2큰술, 꿀 2큰술, 로즈마리 2줄기

파채절임: 잎상추 3장, 파채 1줌(50g), 깨소금 1작은술, 고춧가루 1/2큰술, 간장 1큰술, 식초 1/2큰술, 설탕 1작은술

1. 통삼겹살을 30분간 물에 담궈 핏물을 뺀다.

2. 양파는 1cm 두께로 썰어 냄비에 깔고 통삼겹살을 지방층이 위로 가게 놓은 뒤 통후추, 마늘, 월계수잎, 청주를 넣고 중불에 10분, 아주 약한불에 50분간 익힌다.

3. 냄비에 와인과 간장, 청주, 꿀, 로즈마리를 넣고 5분 정도 끓이다가 익혀진 통삼겹살을 넣어서 조린다. 소스가 3~4큰술 정도 남았을 때 고기를 꺼내 얇게 썬다.

4. 파채는 5cm 정도로 자르고 깨소금, 고춧가루, 간장, 식초, 설탕을 넣고 버무린다.

5. 접시에 잎상추를 여러 장 깔고 잘라 놓은 보쌈고기를 얹고 파채절임을 곁들여 낸다.

재료 (2인분 기준) 라이스페이퍼 8장, 두부 1/2모, 당근 1/4개, 오이 1/4개, 파프리카 홍, 황색 각 1개, 상추 8장, 녹말가루 3큰술, 포도씨유 2큰술

오렌지 소스: 오렌지주스 1/2컵, 꿀 1큰술, 소금 1작은술, 물 1/3컵, 녹말가루 1큰술

1. 두부는 두께 1cm, 길이 5cm로 잘라 키친타월로 물기를 뺀다.

2. 당근, 오이, 파프리카는 5cm 길이로 채 썰고 상추는 깨끗이 씻어 물기를 뺀다.

3. 두부에 녹말가루를 묻히고, 포도씨유를 두른 프라이팬에 바싹하게 익힌다.

4. 팬에 오렌지주스, 꿀, 소금을 넣고 끓이다가 녹말물을 조금씩 넣어가며 걸쭉하게 농도를 맞춘다.

5. 라이스페이퍼는 따뜻한 물에 잠깐 담궈 불린 뒤 라이스페이퍼 위에 상추-튀긴 두부-채소 순서로 놓는다.

6. 돌돌 만 뒤 오렌지 소스를 곁들여 낸다.

재료 (2인분 기준) 닭가슴살 2조각, 로즈마리 2줄기, 마늘 1쪽, 레몬 1/2개, 미니파프리카 4개, 감자 1개, 우유 1/2컵, 파슬리 가루 2작은술, 올리브유 2큰술, 소금, 후추 약간

데리야끼 소스: 간장 4큰술, 물 1/2컵, 설탕 1큰술, 생강가루 1작은술, 청주 약간

Recipe

1. 닭가슴살은 30분 정도 우유에 담가 누린내를 없앤 후 깨끗이 씻어 소금, 후추, 올리브유, 로즈마리, 얇게 저민 마늘을 같이 넣고 30분간 절인다.

2. 마늘과 레몬은 얇게 썰고 미니 파프리카는 깨끗이 씻어 놓는다.

3. 감자는 껍질을 벗겨 소금물에 삶아 으깬 후 우유와 파슬리를 넣어 섞는다.

4. 데리야끼 소스 재료를 냄비에 넣고 바글바글 끓여 데리야끼 소스를 준비한다.

5. 그릴에 올리브유를 골고루 바른 뒤 닭가슴살, 파프리카, 레몬의 양쪽 면이 노릇해지도록 굽는다.

6. 으깬 감자를 접시에 담은 뒤, 주위에 닭가슴살을 올린 후 데리야끼 소스를 뿌리고 파프리카와 로즈마리를 곁들여 낸다.

관자채소꼬치구이
1인당 110 kcal

재료 (2인분 기준) 관자 4개, 청, 홍, 노랑 파프리카 각 1/2개, 양파 1/2개, 양송이버섯 2개, 올리브유 2큰술, 방울토마토 3개, 레몬 1/2개, 소금, 후추 약간

고추장 소스: 고추장 1큰술, 매실청 1큰술, 간장 1큰술, 물 1/4컵, 다진 마늘 1작은술

1. 관자는 물에 살짝 데친 후 반으로 잘라 놓는다.

2. 양송이버섯, 양파, 파프리카는 손질하여 큼직하게 자른다.

3. 꼬치에 양파, 양송이버섯, 파프리카, 관자를 끼우고 소금, 후추로 간을 한다.

4. 올리브유를 두른 프라이팬에 꼬치의 양면을 노릇하게 굽는다.

5. 냄비에 고추장 소스의 재료를 잘 섞은 뒤 끓인다. 원하는 맛에 따라 간장, 고추장, 물엿을 더 첨가한다.

6. 접시에 꼬치를 가지런히 놓고 고추장 소스를 곁들여 낸다. 방울토마토와 레몬도 곁들인다.

채소는 살이 안찌지!

1인당 81 kcal

유러피안베지스그릴

재료 (2인분 기준) 애호박 1/3개, 가지 1/3개, 양파 1/2개, 파프리카 2개, 당근 1/4개, 방울토마토 6개, 올리브유 2큰술, 발사믹에센스 3큰술, 소금, 후추 약간

1. 당근은 길게 스틱 모양으로 자른다.
   애호박, 가지는 두께 1cm 정도로 동그랗게 썬다.
   방울토마토는 씻어 꼭지를 제거한다.
   파프리카는 큼직하게 4등분한다.
   양파는 원형 모양을 살려 약 1cm 크기로 자른다.

2. 그릴에 올리브유를 고루 바르고 크게 썰어놓은 채소들을 올려 소금, 후추로 간을 하며 노릇해지도록 굽는다.

3. 접시에 담고 발사믹 에센스를 뿌린다.

모시조개미소라면 1인당 405 kcal

재료 (2인분 기준) 라면 2봉지, 미소된장 4큰술, 모시조개 2컵, 숙주나물 1줌(50g), 팽이버섯 1줌(50g), 실파 1뿌리, 청·홍고추 각 1개, 물 5컵, 소금 약간

Recipe

1. 모시조개는 엷은 소금물에 1시간 정도 담가 해감한 후 물 5컵을 붓고 끓인다. 조개가 입을 벌리면 불을 끄고 끓인 물은 버리지 말고 면보에 걸러 둔다.

2. 실파는 동그랗게 썰고 팽이버섯은 밑부분을 잘라내고 청·홍고추는 어슷 썰기한다.

3. 숙주나물은 소금물에 살짝 데친다.

4. 냄비에 물을 넣고 끓기 시작하면 면을 넣고 삶아 70%가량 익었을 때 찬물에 헹군다.

5. 조개 삶은 물에 미소된장을 넣어 풀어서 끓인다.

6. 미소된장육수에 삶은 면과 조개를 넣고 끓어오르면 그릇에 담고, 데친 숙주와 실파, 팽이버섯, 청·홍고추를 올려 낸다.

1인당 186 kcal

묵사발

재료 (2인분 기준) **도토리묵 1모(300g), 오이 1/2개, 김치 1줌(50g), 가다랑어육수 5컵(가다랑어포 20g, 물 5컵)**

양념장: 간장 3큰술, 고춧가루 2큰술, 참기름 1큰술, 통깨 약간

1. 도토리묵은 먹기 좋은 크기로 썰어 둔다. 오이는 채 썰고, 김치는 잘게 다진다.

2. 냄비에 물을 붓고 끓으면 불을 끄고 가다랑어포를 넣은 뒤 고운 천으로 걸러 육수를 만든다. 육수는 식혀서 냉동실에 넣어 살얼음이 얼 정도로 차갑게 해 둔다.

3. 간장과 고춧가루, 참기름을 섞어 양념장을 만든다.

4. 사발에 묵을 수북히 담고, 차가운 육수를 부은 뒤 오이와 김치를 올리고 양념장을 곁들여 낸다.

도토리묵 만들기

재료 **도토리 가루 1컵, 물 6컵**

1. 도토리 가루와 물을 1:6비율로 섞어 30분간 불린다.
2. 중불에서 계속 저어가며 쑨다. 뭉치지 않게 계속 젓는다.
3. 어느 정도 껄쭉한 농도가 되어 젓기 힘들 때 틀에다 부어 굳힌다.

4. 도토리묵이 굳으면 먹기 좋은 크기로 썰어 둔다.

장수 식품 양배추

양배추는 서양에서 3대 장수 식품(요구르트, 양배추, 올리브) 중 하나로 꼽힐 만큼 몸에 매우 좋은 식품이다. 담색 채소이지만 녹황색 채소에 뒤지지 않을 만큼 비타민 C, 칼슘, 식이 섬유, 칼륨 등 몸에 좋은 성분들을 듬뿍 가지고 있다.

양배추에 포함되어 있는 많은 양의 유황과 염소는 위장의 점막을 강화시켜 주고 궤양을 치료해 준다. 당근과 함께 먹으면 잇몸에 고름이 생기는 치조농루증에 좋고 십이지장궤양에 효과적이다. 주근깨, 여드름 등의 기타 피부병 등에도 효과가 있고 혈액을 맑게 하고 몸의 저항력을 높여 준다.

또한 양배추에는 비타민 U라는 성분이 들어있다. 양배추에 들어 있는 비타민 U, K 성분들은 점막의 재생과 강화를 도와 신체의 자연치유력을 높이는 데 효과가 있다. 그래서 위암 예방에 큰 효과가 있다.

두부양배추쌈 — 1인당 165 kcal

재료 (2인분 기준) 양배추잎 6장, 두부 1/2모, 닭가슴살 2조각, 당근 1/4개, 홍고추 1개, 녹말가루 2큰술, 다진 파 1큰술, 다진 마늘 1큰술, 양파 1/4개, 참기름 1작은술, 우유 1/2컵, 깨소금 1작은술, 소금 약간

칠리 소스: 고추장 1큰술, 토마토케첩 1큰술, 핫소스 1큰술, 양파 1/4개, 물 1/2컵

1. 닭가슴살은 후추를 뿌리고 우유에 30분간 담가 누린내를 없앤 뒤 믹서에 간다.

2. 당근, 홍고추, 양파, 마늘, 파는 잘게 다지고 두부는 으깨어 면보에 싸서 물기를 꼭 짠다.

3. 양배추잎은 끓는 물에 5분 동안 데친다.

4. 칠리 소스 재료를 냄비에 넣어 걸쭉해질 때까지 끓인다.

5. 닭가슴살, 두부, 다진 채소를 볼에 넣고 녹말가루, 참기름, 소금을 넣어 치댄다.

6. 양배추잎에 ⑤를 놓고 돌돌 만 뒤 김이 오른 찜통에서 15분간 찐다. 칠리 소스를 곁들여 낸다.

김치말이곤약국수

재료 (2인분 기준) 시금치곤약면 2봉지(300g), 동치미육수 5컵, 김치 2줌(100g), 배 1/4개, 두부 1/4모, 간장 1큰술, 참기름 1큰술, 통깨 2작은술, 삶은 계란 1개

김치 양념: 참기름 1작은술, 다진 마늘 1작은술, 설탕 1작은술, 통깨 1작은술

1. 김치는 잘게 썰어서 김치 양념을 잘 섞어 버무리고 배는 반달 모양으로 잘라 놓고 삶은 계란은 껍질을 벗겨 이등분한다.

2. 두부는 으깨서 면보에 싸서 물기를 꼭 짠 뒤 간장, 참기름, 통깨를 넣어 조물조물 섞는다.

3. 끓는 물에 곤약면을 3분 정도 삶아 찬물에 헹구어 물기를 뺀다.

4. 대접에 곤약면을 넣고 준비된 양념 두부, 양념 김치, 배, 계란을 보기 좋게 올리고 차갑게 준비한 동치미 육수를 붓는다.

새우살찜

1인당 95 kcal

재료 (2인분 기준) 새우살 1컵(200g), 실파 2줄기, 당근 1/4개, 생강즙 2큰술, 녹말가루 3큰술, 깻잎 8장, 소금, 후추 약간, 실고추 약간

청양고추 절임장: 청양고추 2개, 간장 3큰술, 식초 1큰술, 물 1큰술, 설탕 1큰술, 청주 1큰술

1. 청양고추는 어슷 썰어, 간장, 식초, 물, 설탕, 청주를 넣고 끓여서 절임장을 만든다.

2. 연하게 푼 소금물에 새우살을 헹군 뒤 물기를 제거하고 믹서기로 곱게 간다.

3. 당근과 실파는 잘게 썰어 새우살, 소금, 생강즙, 후춧가루를 넣어 골고루 섞는다.

4. 찰기가 생기게 잘 섞어 동그랗게 반죽한 뒤 김이 오른 찜통에, 새우살 반죽을 한 숟가락씩 떠 넣고 약 15분간 찐다.

5. 접시에 깻잎을 깔고 찐 새우살을 놓고 실고추를 얹는다. 청양고추 절임장을 곁들여 낸다.

채소피자

재료 (2인분 기준) 그린올리브 5알, 파프리카 1/2개, 새송이버섯 1개, 당근 1/4개, 청경채 1개, 방울토마토 2개, 리코타치즈 2큰술, 고르곤졸라치즈 2큰술, 올리브유 1큰술, 소금 1/2작은술

메밀또띠야: 메밀 가루 1컵, 따뜻한 물 4큰술

1. 메밀 가루에 따뜻한 물을 부어 가며 또띠아 반죽을 한 뒤 반죽을 지름 20cm 가량으로 편다.

2. 그린올리브와 방울토마토는 반으로 자르고 버섯, 파프리카, 당근은 채 썰고, 청경채 잎은 뜯어 놓는다. 당근만 올리브유를 두르고 팬에 살짝 볶는다.

3. 고르곤졸라치즈는 크게 썰어 놓는다.

4. 메밀또띠야를 기름을 두르지 않은 팬에 약불로 굽고 구운 또띠아에 리코타치즈를 얇게 바른다.

5. 메밀또띠야 위에 볶은 당근-버섯-파프리카-청경채 순으로 올리고, 그린올리브와 방울토마토를 뿌린다. 제일 위에 고르곤졸라치즈를 뿌린다.

6. 예열한 220℃ 오븐에서 고르곤졸라 치즈가 녹을 정도로만 3분간 굽는다.

수란냉파스타

1인당 251 kcal

재료 (2인분 기준) **파스타(푸실리)** 80g, 계란 노른자 2개, 소금 2작은술, 청·홍피망 각 1개, 파 1/4대, 올리브유 1작은술, 계란 2개, 소금, 후추 약간

1. 파스타를 소금 넣은 물에 10분간 삶아 식힌 후 올리브유를 두른다.

2. 피망은 채 썰고 파는 동그랗게 썰어 놓는다.

3. 국자에 올리브유를 펴 바르고 계란을 깨지지 않게 놓고 뜨거운 물에서 천천히 둥글게 돌려 수란을 만든다.

4. 삶은 파스타와 피망, 계란 노른자, 소금, 후추를 넣고 잘 섞는다.

5. 접시에 파스타를 담고 위에 수란을 얹어서 낸다.

재료 (2인분 기준) **두부 1/2모, 애호박 1/4개, 당근 1/4개, 양파 1/2개, 토마토 1/2개, 계란 1개, 호밀햄버거빵 2개, 올리브유 2큰술, 소금 1작은술, 머스타드 1큰술, 발사믹에센스 2큰술, 상추 2장, 소금, 후추, 치커리 약간**

1. 두부는 으깨서 면보에 싼 뒤 물기를 꼭 짜고 애호박, 양파, 당근은 잘게 다진다.

2. 토마토와 양파는 얇게 썰고, 양파는 매운맛이 빠지게 찬물에 담가 둔다.

3. 올리브유를 두른 프라이팬에 애호박, 양파, 당근을 볶아 으깬 두부에 계란, 소금, 후추와 함께 잘 섞는다.

4. 찰지게 반죽한 뒤 둥글게 패티를 만든다.

5. 프라이팬에 올리브유를 두른 뒤 패티를 앞뒤가 노릇하게 굽는다.

6. 햄버거빵을 잘라 앞뒤로 머스타드를 바르고 상추 - 두부 패티 - 발사믹 에센스 - 양파 - 토마토 - 치커리 순으로 얹는다.

햄버거의 유래

햄버거라는 이름은 갈아 만든 스테이크로 유명한 독일의 도시인 'Hamburg'에서 유래했다. 독일 이민자들이 'Hamburger steak'를 미국에 처음 소개했고, 1904년 세인트 루이스(St. Louis) 만국 박람회에서 햄버거 스테이크가 번 위에 놓여 전시되었는데 이 방법이 햄버거를 먹는 가장 맛있고 편한 방식이 되었다.

요즘에는 채소, 밥 등을 주재료로 사용한 다양한 종류의 버거들이 출시되고 있다. 식물성 단백질, 두부를 이용하여 버거를 만들어 보자!

요즘 각광받고 있는 지중해식 건강식을 아시나요?

크레타섬에 유독 장수하는 사람이 많은데, 세계적인 장수식인 지중해 식단을 알아볼까?

올리브유를 많이 사용하고 생선, 해산물, 신선한 채소와 적당한 포도주를 섭취해줘~

전통적인 지중해식 식사는 채소, 과일 위주에 버터 대신 올리브유로 요리하고 견과류를 비롯한 식물성 지방을 주로 섭취하며, 해산물류를 주로 요리해 육류보다 해산물류를 더 많이 섭취한다.

양념 역시 케이퍼, 올리브, 신선한 허브, 레몬이나 오렌지즙등의 천연 조미료를 사용한다. 만병통치약 토마토도 지중해식 건강식에 빠질 수 없는 재료이다.

장수와 다이어트, 치매 예방에도 좋은 지중해식 건강식을 만들어 보자.

그래서 앞으로 지중해식을 먹자구?

100살까지 살아야지

지중해식 도미구이
1인당 261 kcal

재료 (2인분 기준) **도미** 1마리, 밀가루 4큰술, 올리브유 2큰술, 케이퍼 1작은술, 후추, 소금, 파슬리 가루 약간

지중해식 토마토 소스: 토마토 1개, 토마토퓨레 4큰술, 물 2큰술, 올리브유 2큰술, 양파 1/4개, 마늘 2쪽, 청·홍피망 각 1/2개, 바질잎 2장, 소금 약간

1. 마늘과 양파, 청·홍피망은 잘게 다지고 토마토는 끓는 물에 데쳐 찬물에 바로 식힌 후, 껍질을 벗겨 주사위 모양으로 작게 썬다.

2. 도미는 포를 떠서 소금, 후추로 간을 한다.

3. 손질한 도미살 앞뒤로 밀가루를 골고루 묻혀 살짝 털어 낸다.

4. 올리브유를 두른 프라이팬에 도미를 살 쪽부터 양면으로 노릇하게 굽는다.

5. 올리브유를 두른 프라이팬에 마늘, 피망, 양파를 볶다가 토마토퓨레를 넣고 끓인다.

6. ⑤에 화이트와인을 넣어 한소끔 끓인 뒤 물, 소금을 넣어 걸쭉하게 졸이다가 바질잎을 넣고 살짝 볶은 뒤 불을 끄고 구워진 도미에 얹는다.

오믈렛호밀샌드위치

재료 (2인분 기준) 호밀식빵 4장, 리코타치즈 4큰술, 계란 2개, 새싹 2줌(100g), 발사믹에센스 2큰술, 올리브유 2큰술, 소금 약간, 피클 2조각, 방울토마토 4개, 오렌지주스 2잔

1. 호밀식빵은 오븐에 노릇노릇하게 굽는다.
2. 달걀은 노른자와 흰자를 분리해 소금을 넣고, 흰자만 거품기로 저어 거품을 만든다.
3. 흰자 거품이 꺼지지 않도록 하며 노른자를 살살 섞는다.

4. 올리브유를 두른 프라이팬에 계란 반죽을 한 국자 떠서 거품이 꺼지지 않게 부친다.
5. 구워 놓은 호밀식빵의 한 면에 리코타치즈를 골고루 펴 바르고 구운 계란을 얹은 뒤 새싹을 소복히 올린다. 이 위에 발사믹 에센스를 뿌리고 빵을 덮는다. 피클과 방울토마토 오렌지주스를 곁들여 낸다.

1인당 350 kcal

찹쌀옷돼지등심구이

재료 (2인분 기준) 돼지고기등심(돈까스용) 300g, 찹쌀 가루 4큰술, 간장 2큰술, 물엿 2큰술, 다진 마늘 1큰술, 포도씨유 2큰술, 깻잎 5장, 래디시 1개, 파채 1줌(50g), 후추 약간

된장 소스: 된장 2큰술, 파인애플 2조각, 파인애플주스 2큰술, 마늘 1쪽, 홍고추 1/2개

1. 간장, 물엿, 다진 마늘, 후추 섞은 것으로 돼지고기 밑간을 한다.

2. 래디시는 얇게 썰고 깻잎과 파채는 깨끗이 씻어 채 썰어 놓는다.

3. 된장 소스의 재료를 믹서에 갈아 미리 만들어 둔다.

4. 재워 놓은 돼지고기에 찹쌀 가루를 묻힌다.

5. 포도씨유를 두른 프라이팬에 돼지고기를 익혀 준비한 래디시, 깻잎, 파채와 된장 소스를 곁들여 낸다.

Part.5 입이 심심할 때 살찔 걱정 없는 간식과 음료

다이어트하는 동안 가장 큰 적은 바로 간식의 유혹. 점심 식사 후 4~5시쯤 되면 여지없이 입이 심심하다. 이럴 때는 칼로리 걱정 없이 맛있는 간식을 만들어 보자.

미숫가루 다식

1인당 159 kcal

재료 (2인분 기준) 미숫가루 2컵, 계피 가루 1큰술, 소금 1작은술, 꿀 2큰술, 참기름 1큰술

1. 미숫가루와 계피 가루, 소금을 모두 섞고 꿀을 조금씩 넣어 가며 반죽의 되기를 조절한다.

2. 손으로 조물조물 뭉쳐서 한 덩어리가 되도록 한다.

3. 다식판에 솔로 참기름을 바른다.

4. 꿀로 반죽한 미숫가루를 손가락으로 꾹꾹 눌러 채운 뒤 다식판을 밀어 뺀다.

우무인절미

1인당 92 kcal

주재료 우무묵 1모(400g), 설탕 4큰술, 녹말가루 4큰술, 콩가루 1/2컵

1. 우무묵을 잘게 썰어 깨끗이 씻은 후 녹말가루, 설탕을 넣어 믹서기로 죽처럼 간다.

2. 랩을 씌우고 전자레인지에서 1분 정도 조리한 후 주걱으로 잘 섞고, 다시 랩을 씌운 뒤 3분간 더 조리한다.

3. 살짝 식힌 뒤 틀에 넣어 냉장고에서 7시간 정도 굳힌다.

4. 적당한 크기로 썰어 콩가루를 묻힌다.

변비 걱정 없는 우무묵

우무묵은 우뭇가사리로 만든 묵이다. 7~9월에 주로 채취하기 때문에 보통 여름에 많이 먹지만 요즘에는 계절에 관계없이 즐겨 먹는 음식이다.

우뭇가사리를 햇볕에 잘 말려 풀을 쑤듯이 끓여 틀에 담아 식히면 묵이 된다. 우무묵 자체는 별맛이 없기 때문에 주로 양념을 해서 먹는다.

우무는 소화기관에서는 소화되지 않기 때문에 내세울 영양은 없으나 열량이 적고 수분이 많기 때문에 다이어트 식품으로 각광받고 있으며 변비를 예방해 주기도 한다.

우무에 고소한 콩가루를 묻혀 우무인절미를 만들어 보자.

체내 독소를 제거할 땐 요구르트

유산균은 인체에 유익한 세균으로 성인의 장내에는 300~500종류가 살고 있으며 요구르트에 들어 있는 풍부한 유산균은 몸에 이로운 균이다. 요구르트를 마실 때 주의할 점은 공복에 먹지 말아야 한다는 것이다. 식전이나 이른 아침에는 밤새 위액 분비가 늘어나 위의 산도가 높은 상태라 유산균이 파괴되기 때문이다. 유산균의 효과를 제대로 보려면 반드시 물이라도 먼저 마셔 위산을 씻어낸 다음이나 식후에 마셔야 좋다.

요구르트는 변비에도 효과가 크다. 변비는 식생활과 밀접한 관계가 있다. 요구르트에 들어 있는 유산균 발효유는 장의 연동 운동을 촉진시켜 변비를 예방하고 장의 상태에 따라 장의 연동 운동을 빠르게 혹은 완만하게 조절하기도 한다.

최근에는 유산균이 장과 위뿐 아니라 간에도 좋다는 연구 결과가 나왔다. 간경변증을 일으키는 유해균이 간에 도달하기 전 유산균이 이를 원천봉쇄할 수 있다는 것이 밝혀졌다. 또 요구르트는 체내 지방 연소를 도와 체중을 줄여 주는 역할도 한다. 한 연구에서는 요구르트를 섭취하여 복부 비만이 81%나 줄어드는 것이 확인됐다.

바나나도 넣어서 먹을까?

1인당 **165** kcal

오곡후르츠요구르트

재료 (2인분 기준) **플레인요구르트 1컵, 오곡씨리얼 2큰술, 키위 1개, 체리 6개, 방울토마토 6개, 꿀 1큰술**

1. 준비한 과일(키위, 체리, 방울토마토)은 네모 모양으로 썬다.

2. 컵에 과일, 플레인요구르트, 준비한 오곡씨리얼을 층층이 쌓고 위에 꿀을 살짝 뿌린다.

오렌지젤리와 사과젤리

재료 (2인분 기준) **오렌지젤리**: 오렌지 2개, 오렌지주스 1/2컵, 레몬즙 1큰술, 판젤라틴 2장, 올리고당 1큰술

사과젤리: 사과 2개, 사과주스 1/2컵, 판젤라틴, 2장, 올리고당 1큰술

오렌지젤리

1. 젤라틴은 차가운 물에 불린다.
2. 오렌지는 반으로 잘라 껍질 속을 파낸 후 즙을 짜 놓는다. 여기에 오렌지주스와 레몬즙, 올리고당을 넣어 섞는다.
3. ②를 냄비에 넣고 약불로 끓이다가 불을 끈 다음, 불린 젤라틴을 넣고 저으면서 녹인다.
4. 오렌지 껍질 속에 넣고 냉장고에서 4시간 정도 굳힌다.

사과젤리

1. 젤라틴은 차가운 물에 불린다.
2. 사과는 반으로 잘라 속을 파서 두고, 파낸 속은 사과주스와 올리고당을 넣어 섞는다.
3. ②를 냄비에 넣고 약불로 끓이다가 불을 끈 다음, 불린 젤라틴을 넣고 저으면서 녹인다.
4. 사과 껍질에 넣어서 냉장고에서 4시간 정도 굳힌다.

홍초젤리와 키위젤리

재료 (2인분 기준) **홍초젤리:** 홍초 1컵, 물 1/2컵, 판젤라틴 2장, 올리고당 1큰술

키위젤리: 키위 2개, 물 1/2컵, 판젤라틴 2장, 올리고당 1큰술

홍초젤리

1. 젤라틴은 차가운 물에 불린다.
2. 홍초와 물, 올리고당을 섞은 뒤 약불로 끓이다가 불을 끈 다음, 불린 젤라틴을 넣고 저으면서 녹인다. 틀에 넣고 냉장고에서 4시간 정도 굳힌다.

키위젤리

1. 젤라틴은 차가운 물에 불린다.
2. 키위는 껍질을 벗겨 작은 주사위 모양으로 자른다.
3. 키위, 물, 올리고당을 넣어 섞은 뒤 약불로 끓이다가 불을 끈 다음, 불린 젤라틴을 넣고 저으면서 녹인다. 틀에 넣고 냉장고에서 4시간 정도 굳힌다.

1인당 92 kcal

모둠칩스

재료 (2인분 기준) **사과 1개, 파인애플 1/2개, 키위 3개, 자몽 1/2개**(집에 남아 있는 과일이나 채소를 이용해도 된다)

Recipe

1. 준비한 과일은 깨끗이 씻어 얇게 썬다.
2. 150℃ 오븐에서 20분 구운 뒤, 뒤집어서 20분간 더 굽는다.

수정과푸딩과
식혜샤벳

수정과푸딩

재료(2인분 기준) 수정과 1컵, 생크림 1컵 반, 흑설탕 2큰술, 판젤라틴 2장

1. 수정과를 따뜻하게 데운 뒤, 불린 젤라틴을 넣고 푼다.

2. 푸딩병에 ①을 1/4가량 오도록 부은 뒤 냉장고에서 하루 동안 굳힌다.

3. 수정과와 생크림, 흑설탕을 잘 섞은 후 따뜻하게 데워 젤라틴을 넣고 푼다.

4. ②에 ③을 붓고 냉장고에서 하루 동안 굳힌다.

식혜샤벳

재료 (2인분 기준) **식혜 1컵, 럼주 1큰술, 꿀 2큰술**

1. 식혜 밥알을 체에 거른다.

2. 냄비에 식혜, 럼주, 꿀을 넣고 데운다.

3. 그릇에 담고 냉동실에서 굳힌다. 중간 중간 꺼내 포크로 긁는다(3회 정도 반복한다).

푸딩의 유래

푸딩은 영국에서 유래되었다. 긴 항해가 많았던 당시 영국 선원들은 남은 빵부스러기, 밀가루, 계란, 우유 등을 섞어 쪄 먹곤 했는데 이것이 푸딩의 시초이다. 그 뒤 디저트 개념으로 '커스터드 푸딩'이나 초콜릿 푸딩인 '푸딩 오 쇼콜라' 등이 만들어졌다. 푸딩은 차게 해서 먹는 것이 일반적이다.

유럽에서 치즈 다음으로 인기 있는 디저트가 푸딩이다. 우리의 전통 음료인 수정과로 입안에서 사르르 녹는 부드러운 수정과푸딩을 만들어 보자.

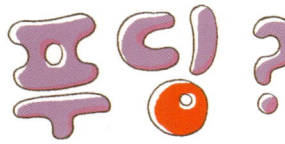

재료 (6개 분량) 바나나 2개, 박력분 1컵, 설탕 1/2컵, 포도씨유 3큰술, 계란 3개, 우유 1/3컵, 소금 1작은술, 바닐라에센스 2방울, 베이킹파우더 1작은술

1. 바나나 1개는 포크를 이용해 으깨고 나머지 하나는 1cm 두께로 썰어 놓는다.

2. 볼에 계란을 풀어 설탕을 2~3회 나누어 넣으며 거품이 충분히 올라올 때까지 거품기로 잘 섞는다.

3. 포도씨유, 바닐라에센스를 넣고 잘 섞은 뒤 박력분, 베이킹파우더, 소금을 채쳐서 넣는다.

4. ③에 우유와 으깬 바나나를 넣고 잘 섞는다.

5. 머핀컵에 반죽을 70% 정도 담고 그 위에 썰어놓은 바나나를 하나씩 올린다.

6. 예열된 오븐에서 180℃ 온도로 35분간 굽는다.

1인당 125 kcal

콩비지쿠키

재료 (2인분 기준) 콩비지 1/2컵, 검은미숫가루(검은콩, 검은깨를 갈은 것) 4큰술, 옥수수전분 1큰술, 생크림 1/4컵, 올리고당 1큰술, 올리브유 1큰술, 검은깨 1큰술

1. 물기를 짠 콩비지를 전자레인지에 랩을 씌우지 않고 5분 정도 돌려 수분을 말린다.

2. 콩비지, 검은미숫가루, 옥수수전분, 검은깨, 생크림, 올리고당, 올리브유를 넣고 반죽한다.

3. 반죽을 랩에 싸서 사각형 모양으로 만든다.

4. 냉동실에 2시간 얼린 후 꺼내어 약 0.7cm 정도의 두께로 자른다.

5. 오븐팬에 쿠키 반죽을 띄엄띄엄 놓고 190℃로 예열한 오븐에서 15분간 굽는다.

콩비지의 효능

풍부한 영양소가 함유된 콩으로 만든 콩비지는 예로부터 몸을 튼튼히 하는 식품으로 인정받아, 항상 식탁에 오를 정도로 즐겨 먹었다.

칼슘이 많이 들어있어 갱년기 여성에게 좋다. 갱년기가 되면 뼈에서 칼슘이 줄어들어 뼈가 물러지는 병, '골다공증'을 조심해야 한다. 이 병에 걸리면 조금만 넘어져도 골절되기 쉽다. 골다공증은 사전에 예방해 두는 것이 가장 좋다.

칼슘이 부족하면 신경이 안절부절하게 된다. 특히 자율 신경이 불안정하기 때문에 갱년기 장애에 심하게 시달릴 수 있다. 칼슘을 효율적으로 섭취하기 위한 방법 중 하나가 콩비지를 먹는 것이다. 콩비지는 칼슘의 흡수율이 높다.

호랑이가 무서워하는 곶감의 효능

곶감의 비타민 C는 사과의 8~10배, 비타민 A도 풍부하게 함유하고 있다.

설사가 심할 때 곶감을 먹으면 설사를 멎게 하는 것은 타닌이라는 성분이 들어있기 때문이다. 타닌성분은 모세혈관을 튼튼하게 해주는 역할도 한다.

곶감은 몸을 따뜻하게 보강하여 장과 위를 두텁게 해, 비위를 튼튼하게 한다. 얼굴의 주근깨도 없애준다.

곶감 겉면에 덮인 흰 가루를 시상 또는 시설이라고 하는데, 갈증을 없애주고 기관지의 열을 내려준다.

한방에서는 감꼭지를 딸꾹질·구토·야뇨증 등에 달여서 복용한다.

곶감견과말이

1인당 390 kcal

재료 (8개 분량) 곶감 7개, 건자두 7개, 아몬드, 땅콩, 호두, 피스타치오 각 2큰술, 꿀 5큰술

Recipe

1. 건자두, 곶감은 반으로 갈라 씨를 뺀다.

2. 견과류는 프라이팬에 볶거나 140℃의 오븐에서 약 15분간 구워서 식힌 후 그릇에 담아 꿀을 넣고 잘 버무린다.

3. 김발 위에 곶감을 길게 펴고 그 위에 건자두 편 것을 올린 뒤 견과류를 올린다.

4. 김밥을 마는 것처럼 동그랗게 만다.

5. 동그랗게 말아진 것을 랩에 단단하게 싼 뒤 냉장고에서 약 1시간 정도 굳힌다. 굳어진 곶감을 꺼내 칼로 1cm 두께로 썬 뒤, 랩을 제거하고 접시에 담는다.

마늘생강차와 굴피차

재료 **마늘생강차:** 생강 1개, 마늘 5개, 물 3컵

귤피차: 귤껍질 1줌(50g), 물 3컵

마늘생강차
1. 생강은 깨끗이 씻어 껍질을 벗긴 후 마늘과 함께 얇게 저민다.
2. 물에 넣고 20분간 끓인다.

귤피차
1. 귤을 깨끗이 씻은 후 껍질을 채 썰어 통풍이 잘되는 곳에서 일주일 가량 말린다.
2. 귤피를 물에 넣고 20분간 끓여준다.

1인당 **600** kcal

흑미크레페케이크

재료(20cm 지름 1개 분량): 흑미 가루 1컵, 설탕 1/3컵, 달걀 4개, 우유 2컵 반, 올리브유 1큰술

샌드용 크림: 리코타치즈 1/2컵, 플레인요구르트 4큰술

1. 볼에 달걀을 잘 푼 뒤 설탕을 넣고 잘 섞는다.

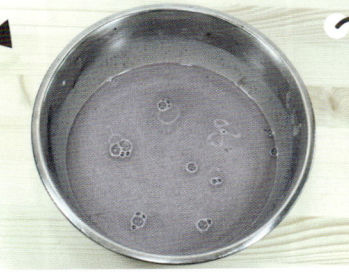

2. ①에 체친 흑미 가루와 우유를 넣고 잘 섞이도록 거품기로 젓는다. 올리브유를 넣어 섞은 뒤, 냉장고에서 하루 정도 숙성시킨다.

3. 리코타치즈와 플레인요구르트를 섞어서 샌드용 크림을 만든다.

4. 기름을 두르지 않은 프라이팬에 반죽을 얇게 펴서 약불로 굽는다.

5. 원형 무스링을 구워놓은 크레페에 눌러 깨끗한 원을 만든다.

6. 무스링에 크레페 한 장을 넣고 샌드크림을 바른다. 다시 크레페를 얹고 샌드크림 바르는 것을 반복한다.

책을 마치며

"매일 먹는 일반적인 식단들로 살을 뺄 순 없을까?"란 물음과 함께 시작하게 된 프로젝트《나 날씬한 요리책이야》는 힘들고 지친 다이어트를 일상에 활용할 수 있는 레시피들로 구성해 실용성을 강조했습니다.

"이 책을 위해, 바쁜 시간을 쪼개며 레시피를 짜주고 요리에 실용적인 Tip을 주신 호텔조리사 최경선, 임윤혁 쉐프님. 더운 여름에 건강한 재료 공수를 위해 마트와 서울 시장, 백화점 안 가본 곳 없는 MEW의 요리사(물론 맛있는 요리 제작까지) 새암, 그리고 책을 출판할 수 있게 도움 주신 출판사 북21의 관계자 여러분 그 외에도 셀 수 없이 많은 고마운 분들이 계시지만 다 나열하면 책을 끝낼 수 없을 것 같아 여기까지, 너무 너무 감사드립니다. 그리고 이제 MEW는 또 다른 건강한 스토리를 만들기 위해 어딘가로 떠나봅니다. 여러분, 항상 건강 하세요!"